康熙皇帝讀書像

青年玄燁讀書像

康熙皇帝讀書像

康熙生母孝康章皇后佟佳氏（圖上左），雖然母以子貴，與嫡后（圖上右）並稱兩宮皇太后，可惜福薄命短，死時才二十四歲。

孝康章皇后謚寶文

康熙有可能在南巡途中將漢人女子帶回宮，圖為《康熙出巡畫屏》。

康熙帝西洋版畫像

康熙時代與西洋傳教士關係密切，湯若望為其中之一（圖上）。法國傳教士白晉所著《康熙帝傳》的扉頁圖（圖右），可代表西方人眼中的康熙。

皇四子胤禛朗吟閣行樂圖

康熙十分重視皇子的教育，圖為皇十三子胤祥（圖上左）及皇十四子（圖下右）。

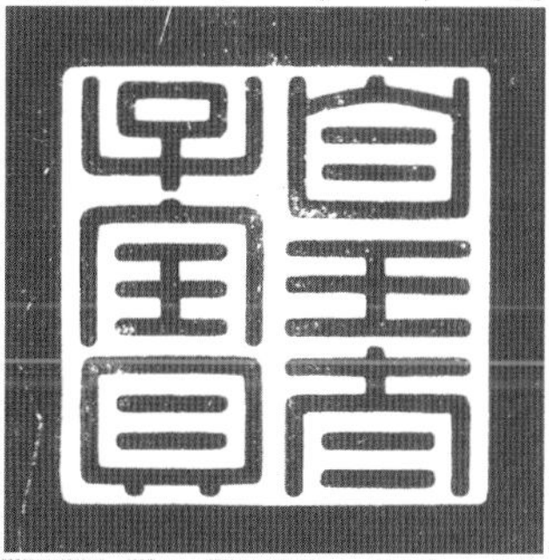

「皇太子寶」璽文

交泰殿為皇后升殿受賀之處，正中所懸「無為」橫匾為康熙御筆。

青年康熙戎裝像（圖上）。康熙親征噶爾丹的馬上雄姿（圖下）。

清朝冷枚所繪的《避暑山莊圖》。

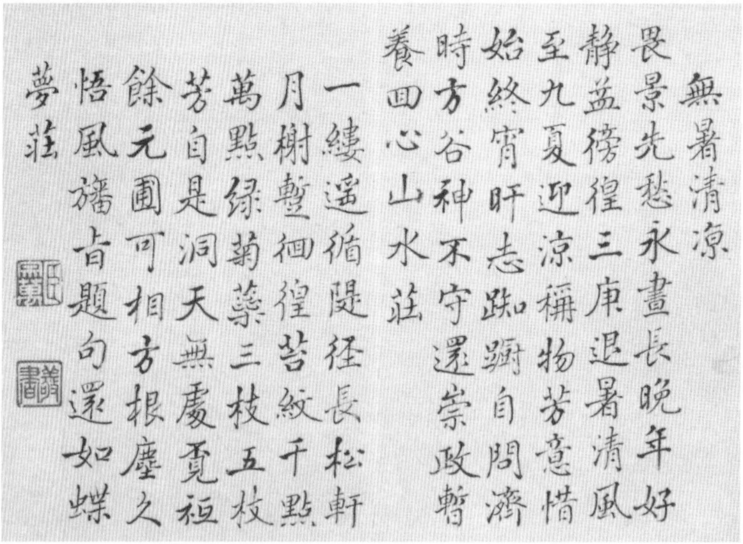
無暑清涼
畏景先愁永晝長晚年好
靜益徬徨三庚退暑清風
至九夏迎涼稱物芳意惜
始終宵旰志踟躕自問濟
時方谷神不守還崇政暫
養回心山水莊
一縷遙循隄徑長松軒
月榭盤徊徨苔紋千點
萬點綠菊蘂三枝五枝
芳自是洞天無處覓袛
餘元圃可相方根塵久
悟風旛旨題句還如蝶
夢莊
《避暑山莊詩意圖・無暑清涼詩》冊頁

《避暑山莊詩意圖・無暑清涼圖》冊頁

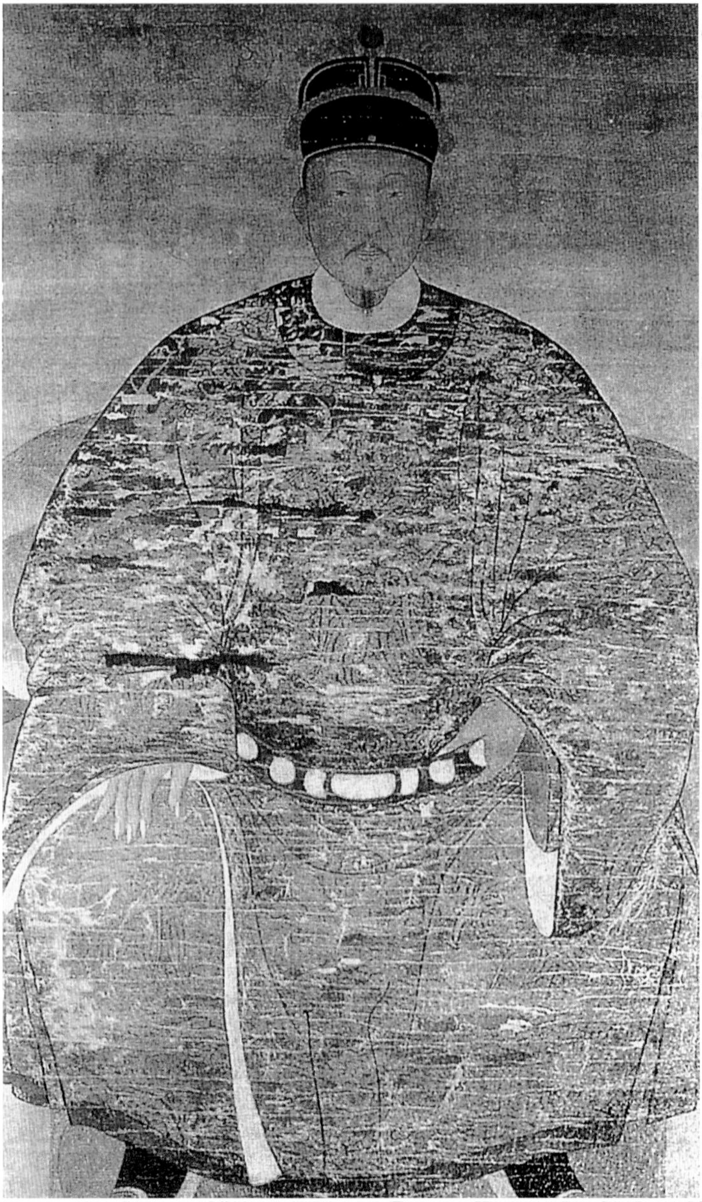

台南延平郡王祠民族文物館藏鄭成功圖

《諸羅縣志》所載「捕鹿」木刻畫，表現台灣原住民善跑的才藝。

康熙皇帝駕崩後，葬於景陵。圖為《景陵圖》，完整呈現了景陵的建築格局。

親切的、活潑的、趣味的、致用的

實用歷史叢書

遠流出版公司

國家圖書館出版品預行編目資料

康熙寫真 / 陳捷先作. -- 二版. -- 臺北市：
遠流，2010. 06
面； 公分. -- (實用歷史叢書)

ISBN 978-957-32-6653-2(平裝)

1. 清聖祖 2. 傳記

627.2 99009005

康熙寫眞（原實用歷史叢書⑮）

作　　者——陳捷先
主　　編——游奇惠
責任編輯——陳穗錚・傅郁萍
發 行 人——王榮文
出版發行——遠流出版事業股份有限公司
臺北市10084南昌路2段81號6樓
電話／2392-6899　傳真／2392-6658
郵撥／0189456-1
法律顧問——董安丹律師
著作權顧問——蕭雄淋律師
2010年6月1日　二版一刷
行政院新聞局局版臺業字第1295號
售價新臺幣 280 元　（缺頁或破損的書，請寄回更換）

ISBN 978-957-32-6653-2
YLib 遠流博識網
http://www.ylib.com　E-mail:ylib@ylib.com

實用歷史叢書

康熙寫眞

出版緣起

王榮文

・歷史就是大個案

《實用歷史叢書》的基本概念，就是想把人類歷史當做一個（或無數個）大個案來看待。本來，「個案研究方法」的精神，正是因為相信「智慧不可歸納條陳」，所以要學習者親自接近事實，自行尋找「經驗的教訓」。

經驗到底是教訓還是限制？歷史究竟是啟蒙還是成見？——或者說，歷史經驗有什麼用？可不可用？——一直也就是聚訟紛紜的大疑問，但在我們的「個案」概念下，叢書名稱中的「歷史」，與蘭克（Ranke）名言「歷史學家除了描寫事實『一如其發生之情況』外，再無其他目標」中所指的史學研究活動，大抵是不相涉的。在這裡，我們更接近於把歷史當做人間社會情境體悟的材料，或者說，我們把歷史（或某一組歷史陳述）當做「媒介」。

・從過去了解現在

為什麼要這樣做？因為我們對一切歷史情境（milieu）感到好奇，我們想浸淫在某個時代的思考環境來體會另一個人的限制與突破，因而對現時世界有一種新的想像。

通過了解歷史人物的處境與方案，我們找到了另一種智力上的樂趣，也許化做通俗的例子我們可以問：「如果拿破崙擔任遠東百貨公司總經理，他會怎麼做？」或「如果諸葛亮主持自立報系，他會和兩大報紙持哪一種和與戰的關係？」

從過去了解現在，我們並不真正尋找「重複的歷史」，我們也不尋找絕對的或相對的情境近似性。「歷史個案」的概念，比較接近情境的演練，因為一個成熟的思考者預先暴露在眾多的「經驗」裡，自行發展出一組對應的策略，因而就有了「教育」的功能。

・從現在了解過去

就像費夫爾（L. Febvre）說的，歷史其實是根據活人的需要向死人索求答案，在歷史理解中，現在與過去一向是糾纏不清的。

在這一個圍城之日，史家陳寅恪在倉皇逃死之際，取一巾箱坊本《建炎以來繫年要錄》，抱持誦讀，讀到汴京圍困屈降諸卷，淪城之日，謠言與烽火同時流竄；陳氏取當日身歷目睹之事與史實印證，不覺汗流浹背，覺得生平讀史從無如此親切有味之快感。

觀察並分析我們「現在的景觀」，正是提供我們一種了解過去的視野。歷史做為一種智性活動，也在這裡得到新的可能和活力。

如果我們在新的現時經驗中，取得新的了解過去的基礎，像一位作家寫《商用廿五史》，用企業組織的經驗，重新理解每一個朝代「經營組織」（即朝廷）的任務、使命、環境與對策，竟然就呈現一個新的景觀，證明這條路另有強大的生命力。

我們刻意選擇了《實用歷史叢書》的路，正是因為我們感覺到它的潛力。我們知道，標新並不見得有力量，然而立異卻不見得沒收穫；刻意塑造一個「求異」之路，就是想移動認知的軸心，給我們自己一些異端的空間，因而使歷史閱讀活動增添了親切的、活潑的、趣味的、致用的「新歷史之旅」。

你是一個歷史的嗜讀者或思索者嗎？你是一位專業的或業餘的歷史家嗎？你願意給自己一個偏離正軌的樂趣嗎？請走入這個叢書開放的大門。

〈推薦人的話〉

話說《康熙寫真》

馮爾康

非常高興讀到摯友陳捷先教授新作《康熙寫真》，嗐！不要用「摯友」這樣文縐縐的詞兒，陳教授使用通俗的語言，寫真實而有趣的歷史故事，我何不直接地說好朋友哩！好友的心是相通的，我們作為讀書人，學術品味竟是這樣地相同：陳教授用這部著作，實踐他撰寫通俗讀物貢獻給讀者的主張，而我在去年出版《清人生活漫步》小書，在前言中說到寫作用意，是想寫「知識量豐富的、貼近人們生活的、富有情趣的東西」，「讓讀者在輕鬆的氣氛下閱讀，看了是一種精神上的享受，既增長了知識，又愉快地度過閒暇時光，豈非一舉兩得」。可見我們的趣味是多麼地相投啊！因此樂於向親愛的讀者傾訴我閱讀的感想，也許你讀後同我的想法是那樣的契合。

康熙皇帝是一位了不起的君主，武功文治不必說了，對臣下很有仁慈的美譽，就是晚年廢立太子的事夠他傷心的，也大得人們的同情。陳教授向讀者推薦什麼樣的康熙呢？他寫了關於康熙歷史的五十個方面，也就是五十個題目，向讀者展示活生生的康熙：是自然體的人，生活中的人，家庭中的人，同時是理政的君王。陳教授描述了康熙的相貌、血統和殯天，講了他的生和死，這是自然現象，人人都有經歷的，相貌、血統與生俱來，不可選擇，是人的自然狀態。人們閱覽現代人的傳記，常常會看到許多幀照片，康熙時代還沒有照相技術，但是有畫像，陳教授寫自然人的康熙，就是給他照相。人的日常生活是多方面的，陳教授談到善於養生的康熙，久病成醫，成了「醫生天子」，他懂得補藥，他對人們寶貴的人參能不能用，在什麼情況下吃有獨到的看法，他還有治病的妙方——坐湯、食補、偏方。家庭生活中的康熙，按照皇室家法，滿人和漢人是不能通婚的，可是康熙有漢人的妃嬪，而且為他生育子女，他重視皇子的教育，依據漢人的習慣給兒孫們起名字，對如同家人的太監自有他的辦法。康熙崇奉漢文化，愛好學習，人又謙虛，讀書很多，頗有心得，具有多種藝能，寫得一手好字，他組織學者修書，中國第一部大類書《古今圖書集成》，基本上是他倡導編纂成功的。康熙生活儉樸，然而有其樂趣，喜好戲曲，嗜好打獵捕魚，怕熱，在熱河建立避暑山莊，每年要有幾個月居住在那兒，得到了狩獵的方便，到了老年，與官民同樂，舉行千叟宴，因為健康的關係，有一段時間好飲西洋葡萄酒。康熙的處理朝政，陳教授敘述了五個方面，一是皇位問題，講他的繼位，那時他年方幼稚，自己不能做主，至於皇太子允礽的立與廢，就是他辦的事情了；二是乾清門臨朝御政，鼓勵親信臣子寫祕密奏摺，親自在上面寫批語，主張並實行君主乾綱獨斷，大權不假手於人；三是穩定邊陲，評定吳三桂等三藩叛亂，粉碎蒙古噶爾丹的進攻，加強對西藏的經營；四是經營和開發台灣，台灣內附與決策建設台灣，重視台灣原住民的才藝，在內地試種台灣芒果，並送優良品種來台試種西瓜；五是對外關係，擊敗沙皇俄國的東侵，遣使歐洲，圖理琛出使俄國，學習西方科學文化技術，用西洋人測繪地圖。同時中國古籍也經過傳教士傳播到西方。陳教授寫真的康熙，聰明好學，以漢學為主，兼收西洋文化，多才多藝，愛好運動，勤於理政，所向成功，生活樸素，晚年家難，傷透腦筋，他把康熙個人的稟賦、性格、理政、生活，幾乎全面托顯出來，並且透過他的活動，將康熙一朝的政治經濟文化政策，特別是重大政治事件表現出來，人們說一部好的人物傳記，能夠反映出他那個時代，陳教授的書，豈不是康熙時代的縮影！

陳教授管他這部著作叫做小品，學術界也把它稱作學術散文、札記、隨筆，它不像嚴格意義的學術著作，講究科學性、系統性、完整性，要有深入周密研究才能寫得出來。小品與學術專著似乎有個品級的差別，其實不在名位，而在實際，小品要寫好，要做到深入淺出，沒有精深的研究是寫不成的，寫不出好作品的，在一定意義上來說，不是大學者撰寫不出精湛的小品，陳教授就是身為有名的史學家來書寫通俗的歷史讀物。他在本書動筆之前，對康熙歷史作過多方面的探討，這裡僅想舉一個事例，讀者便自可知曉。一九九九年陳教授在天津南開大學舉辦的「明清以來中國社會國際學術討論會」上，發表了題為《康熙與醫學——兼論清初醫學現代化》的報告，全面論述了康熙對中西醫的認識和政策：他患瘧疾，服用西藥金雞納霜治好的，從而對西醫產生好感，徵集西洋醫藥專家到北京，煉製西藥，使用西醫西藥為人治病，打破傳統觀念，下令推廣種牛痘，他自己鑽研西洋醫學知識，指使最好的畫家專畫人體解剖圖像，他對中西醫學從不迷信，有用、有益的成分就拿過來使用，否則不予考慮，對西藥是先接受其實物，而不是西醫制度。康熙開啟了中國醫學現代化，但沒有走得多遠。陳教授把這樣專深研究的成果，轉化到《康熙寫真》中，難怪「醫生天子」等篇內容豐富，文字流暢，令讀者易於接受。這就是深入淺出，不是陳教授這樣的大家很難做得到。小品豈可小視！

那麼陳教授為什麼要用小品的文體來反映他的學術研究成果呢？他充分看到傳統史學著作表達方法的缺陷，要用自己的創造加以改變。他說「學術著作往往是在義理與考證上著眼，內容是冗長、艱深的，加上文獻史料的徵引，必然顯得枯燥，更談不上供人消遣了」；因此閱讀的人不多，影響更少，他批評得完全符合實際。陳教授深知此中的弊竇，因此「一直想以通俗的表現形式來寫清朝真實的歷史」，同時認為史學小品，「只要作者能向錦心繡口的方向努力，也並非全無品位。相反的，可能會有雅俗共賞的妙用，甚至還能產生極大的社會教育功能。與其曲高和寡，作品被人閱讀的不多，不如寫出人人可讀，人人能讀，並可深入人心，龍蟲兼雕的讀物，不也更好嗎？」以章節體的形式撰寫學術著作是不可缺少的，若有嚴肅的寫作態度，寫史學小品，對於眾多的讀者群不是更有益嘛！

我還體會到，陳教授小品體裁的選擇，有著現實的針對性。關於歷史的文藝作品，在早先流行的是歷史演義，現在豐富多樣了，有歷史題材的小說、話劇、電影，尤其是近年的電視劇，創造出「戲說」的形式，而製作之多，雖不能說鋪天蓋地而來，也有令人應接不暇的感覺，並且產生轟動效應，陳教授說它們造成「洛陽紙貴，極為暢銷」，「收視率之高，常年不衰，一直凌駕一般時裝戲之上」，的確是事實。它們受到如此歡迎，給人以藝術上的享受，還告訴讀者、觀眾歷史上有那麼一些人的名字，在傳播歷史知識上也不能說沒有一點價值。我是做歷史特別是清代歷史研究的，當《戲說乾隆》、《戲說慈禧》電視片播出時，不斷地有友人，甚而還有同事，一本正經地問我劇中人和事是不是那麼回事，使我哭笑不得，只好說那是文藝作品，需要編造加工，無中生有，情節離奇，才能吸引觀眾，對它不必認真。對於做歷史研究的人來說，歷史題材的影視劇確實造出不少麻煩，需要為它澄清事實。陳教授說「掛著正史的招牌，做些戲說的勾當，傳布錯誤的歷史知識，使讀者與觀眾受害非淺，這是令治史的人同感不滿的，也想急於糾正的」。他所說的不滿，不是史學家的門戶之見，思想狹隘，對文學藝術不能理解，缺乏寬容，實在是一種責任感，一種職業態度，具有尋求歷史真實的精神，才想糾正對歷史知識的誤傳。如果說做歷史研究的人沒有了澄清史實的責任感，那還做什麼歷史學家，這也是要請其他領域的人理解的。由此可知，陳教授的寫作，是要將真實的歷史知識交代給讀者，這個願望怎能不令人尊重而又尊敬！

《康熙寫真》，給我們的不僅是一部真實的康熙的歷史，也是歷史學家以通俗的著作與讀者交流，是滿懷熱忱地希望能給予讀者以知識的啟迪和閱讀的享受，他說，「一個人多讀歷史書可以增長應付未來生活的能力，多讀偉人傳記可以提升人的高尚情操，完美心靈智慧」。我想，他以這部高品味的著作，必能與讀者合作，達到這種理想的境界。讀者諸君，倘若要想從古人那裡獲得知識的啟示，《康熙寫真》就是一部可供選擇的佳作！

【推薦人簡介】馮爾康，一九三四年四月出生於江蘇儀徵，一九六二年南開大學歷史系研究所畢業，留校任教職，二〇〇二年退休。現兼任南開大學中國社會史研究中心學術委員會主任、安徽大學徽學研究中心學術委員、中國人民大學清史研究中心學術委員。主攻清史、中國社會史、史料學。著作有《雍正傳》、《清史史料學》、《清代人物傳記史料研究》、《中國古代宗族與祠堂》、《曹雪芹和紅樓夢》、《

雍正帝》等，主編並主撰《中國社會結構的演變》、《清人社會生活》及《中國宗族社會》、《中國社會史研究概述》等。

〈初版前言〉

通俗與學術之間

最近幾年，清朝歷史大出風頭，廣為各界人士所歡迎喜愛。不論是《康熙大帝》或是《雍正皇帝》等書，一經出版，都是洛陽紙貴，極為暢銷；而電影、電視也爭相的推出清朝故事，收視率之高，常年不衰，一直淩駕一般時裝戲之上。這種流行的風氣，究竟是人為的有心種花或是無意插柳所致，我們暫且不去深究；但是這一流行在社會文化心理上確實產生了巨大的影響力。現在我們在很多場合，常常可以聽到有人開口雍正，閉口慈禧，大家似乎都成了清史專家了。

清朝歷史真是如此重要、值得人們關心研究嗎？我的答案是肯定的。因為這個「異族入主」的皇朝不但在疆土開拓與種族融合方面作出過很大的貢獻，在復興與發揚中華文化方面也有其可以頌揚的工作成果。而清朝不少帝王，他們勤於政事、顧惜民生，更是中國歷代帝王中罕見的。

清朝又是帝制的最後一個朝代，在整個中國史上有承先啟後的特殊作用，它的重要性是不言可喻的。

然而坊間暢銷的清代帝王專書雖是數十萬或數百萬言的鉅著，電視清宮劇也常是幾十集的連續作品，但它們的內容卻多是不真實的敘述，不正確的事象。掛著正史的招牌，做些戲說的勾當，傳布錯誤的歷史知識，使讀者與觀眾受害非淺，這是令治清史的人同感不滿的，也想急於糾正的。

清史研究學界過去出版的論著確實不少，而且其中不乏力作，對清史有創新與發明之功；不過學術著作往往是在義理與考證上著眼，內容是冗長、艱深的，加上文獻史料的徵引，必然顯得枯燥，更談不上供人消遣了。因此，學術性的清史作品，閱讀的人不多，受到影響的更少，常常不如一篇清史小說、一幕戲劇，或是如《康熙大帝》那樣的書籍能打動人心，令人發生共鳴。

自從移居加拿大以後，我一直想以通俗的表現形式來寫清朝真實的歷史，刻劃帝王們的生活思想，希望能藉以提供讀者一些正確的歷史知識。這是我個人近年在想法上的一大改變，因為我深信純學術的史學鉅著固然高深雅緻，有價值、有貢獻；但是短篇的史學小品，只要作者能向錦心繡口的方向努力，也並非全無品位。相反的，可能會有雅俗共賞的妙用，甚至還能產生極大的社會教育功能。與其曲高和寡，作品被人閱讀的不多，不如寫出人人可讀，人人能讀，並可深入人心、龍蟲兼雕的讀物，不也更好嗎？

我的這部《康熙寫真》小書，就是在這樣的背景與思維下成書的。

這本書原來是想以《康熙偶述》為書名的，實在學術了一些、老舊了一些。遠流出版公司編輯陳穗錚同學建議我改作《康熙寫真》，我覺得很好，這名詞很現代、很時髦，大家一定會聯想到時下流行的一些影視藝人的寫真集，如此比較符合市場經濟的規律，比較能吸引讀者，也比較能發揮書的影響，改書名有一舉數得之利，我又何樂不為呢？

常聽人說：一個人多讀歷史書可以增長應付未來生活的能力，多讀偉人傳記可以提升人的高尚情操，完美心靈智慧。但願我的這本小書，也能讓讀者得到這些益處。

本書的問世，有很多人需要感謝。首先得感謝內子侯友蘭女士以及台大老友劉景輝、葉達雄兩位教授，因為他們的鼓勵，我才動筆寫成這本小書。另外游奇惠、陳穗錚、傅郁萍三位協助出版，陳龍貴、林天人幫忙校對與聯絡，也是應該致上謝忱的。

二〇〇〇年夏於溫哥華北岸山邊屋

〈再版前言〉

康熙史事值得我們研究了解

進入十七世紀以後，明朝也步入衰亡之途。在政治上，中央帝王腐化、朝臣結黨、宦官專政、儒生清談。在經濟上，國家財源枯竭、賦稅紊亂、雜稅苛捐、民不聊生。在社會上，人民生活情況惡化、起而抗爭暴動的時有所聞，加上水旱天災頻仍，百姓失所，流民運動隨之發生，造成全國大區域性的動亂。加上邊疆同胞四處叩關，突入邊牆，形成嚴重威脅。明朝政府面臨內外交困局面，卻無計可施，振興無望，充分證明朱明政府已失去安邦定邊的實力，覆亡之期不遠了。

在明朝腐朽統治「日薄西山，氣息奄奄」之際，中國東北，當時稱為遼東的地區，滿洲族人興起了。他們的文化程度原本不高，被稱著「蕞爾小夷」，可是他們的領導人樂於接受先進知識與技術，因而部族知識隨實力而精進。加上領導者簡樸向上，又能與各民族分享政權，因而不到半個世紀，由抗暴復仇散兵，建立了後金政權，更擴建為大清皇朝。其後更取得了明朝國內李自成等人的勝利成果，入主中原，定鼎北京，成為大中國的主人。

入關之後，清政府經過八旗勁旅的征討以及主政者靈活並富有巧思的統治政策，分裂的中國逐漸統一，社會日趨穩定，經濟顯著恢復，民族衝突相對緩和，人民生活也較前安適了許多，「康乾盛世」便在中國歷史上出現了。

所謂「康乾盛世」是指清朝康熙、雍正、乾隆三位君主統治的時代，康熙皇帝當然是這個盛世的開創者。康熙是清朝入關後第二代君主的年號，他姓愛新覺羅，名玄燁，八歲時當了皇帝，年號康熙，他做了六十一年的統治者，死後廟號「聖祖」，謚號是寬仁的「仁」字，以示他是以仁心執政的。明清以後的皇帝人們常以年號來俗稱他們，本書也稱清聖祖玄燁為康熙皇帝。

康熙統治期間，值得敘述的史事很多，例如他的繼承大位就是一個偶然的幸運，而他在青少年期間巧妙的解除了權臣親貴的輔政大權，並改變了傳統的滿族汗位繼承制度，讓自己乾綱獨攬，成為名副其實的統治者。他先後平定了「三藩」，內附了台灣，三征外蒙噶爾丹，阻止帝俄侵略，基本上完成了國家的統一大業，在疆土擴張、民族融和方面作出了不少貢獻。他把自明末以來經長期戰亂的中國大地從荒蕪蕭條中變得安定復蘇。他獎勵墾荒、重視水利、注意災難、顧惜民生。他除以農事為國家根本之外，又放寬手工業限制，提倡商業交易，因而各行各業人民都有了享「清福」的感受。他的文化政策也是和平寬大的，以致著名學者輩出，傳世專書也出版很多，甚至連外國傳來的天文、地理、醫學、數理、音樂等學科，他也學習提倡，使西學在封閉的中國文化層中得到了初步發展。

以上只是康熙文治武功成就中的犖犖大者，由於篇幅所限，不能再作申論了。不過，康熙皇帝也不是一位完美無缺的君主，後世人指出他的問題還是很多的。例如他改變繼承制度原是好事，但配套不夠，終致演出他晚年諸子爭繼，甚至皇家骨肉相殘的悲劇。他以儒術治國，個人又強調程朱理學，但是他的崇儒尊孔極具功利色彩，特別是他對教授皇子的老師湯斌、徐元夢的虐待事件，後人都批評康熙毫無仁心。他又一再諄諄戒訓諸子要清心寡欲，而自己卻先後擁有妻妾五十多人，直到晚年仍不斷從江南選來年輕佳麗，他的假道學行徑畢宣紙上，孔孟學問早拋到九霄雲外了。他早年開放海禁，受到學者官民的一致讚揚，但晚年又下令再禁海，使中國失去了在南洋的政經等方面的優勢。康熙降旨禁採礦產，也是不少後世學者評論他的，因為這一政策影響經濟與社會很大很多。台灣既已內附，卻不積極開發。西洋科學既已准其傳來，卻不讓在民間生根傳布等等，也都成為康熙被譏議的重點。實際上皇帝也有他的看法，礦工聚集有「妄行不法」的可能；渡海去台灣開發的人「恐生事端」；西方勢力東來，日後「中國恐受其累」。康熙也許「戒之在得」，但他重視國家利益超過一切，將清朝統治權的維護超過一切的想法應該是無可厚非的。還有他個人的時代侷限能力，更不是我們今天能苛求的。

除了康熙史事值得我們研究了解以外，近來歷史小說及戲劇大量傳布錯誤康熙知識也是我們特別關心的，因此我寫了《康熙寫真》的小書，希望讀者能得到正確的歷史知識，從而由康熙生平事功偉大可取處，獲得完美心靈的智慧，學到可用的知識與能力。

日前接到台北遠流出版公司編輯部游奇惠主編的電話，告知我的小書庫存無多，公司擬於近期再版，囑我寫些感言。茲應命草成此文，以為再版前言。「寫真」書名十年前由公司同仁陳穗錚建議，謹此再致謝忱。

二〇一〇年四月於加拿大西溫哥華山邊小築

目錄

馮爾康

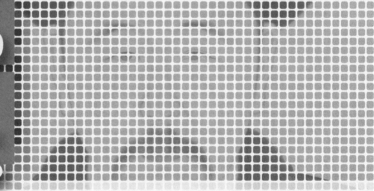

康熙寫真

陳捷先／著

謹以此書賀
昌彼得先生九十嵩壽

1 康熙繼承之謎

清朝是滿洲人建立的，有關他們祖先部族首領的繼承制度，因爲沒有史料可以參考，所以我們知道的不多。不過到了十七世紀初年，滿族興起了，在中國東北邊疆的遼東地區，逐漸兼併了很多其他的女眞部落，最後建立了後金政權。在一六二二年（即後金天命七年，明熹宗天啓二年）後金大汗努爾哈齊對他的子侄說：

……繼朕而嗣大位者，毋令強梁有力者爲也。以若人爲君，懼其尚力自恣，獲罪於天也。且一人縱有知識，終不及衆人之議。今命爾八子，爲八和碩貝勒，同心爲國，庶幾無失。爾八和碩貝勒內，擇其能受諫而有德者，嗣朕登大位。若不能受諫，所行非善，更擇善者立焉。

這是努爾哈齊晚年讓他的子侄們共同議政的開始，也爲他死後建立了一種汗位繼承的制度。根據他的說法，我們可以了解當時滿族汗位的傳承制度是不同於漢族的立嫡立長制的。他們是由位高權重的貴族們互相推舉出領導人的，而且也不像漢人是在皇帝未死之前就預立儲君，努爾哈齊所訂的辦法是在大汗死後才舉行公推選舉的，這與草原民族的舊有習俗差不多，有些像蒙古宗親大會（庫里爾台）推選部族首領的情形。

努爾哈齊死後，貴族們推舉皇太極爲大汗。皇太極不負眾望，守成兼創業的建立了清朝，後來更降服了朝鮮與部分蒙古部族，進兵華北，問鼎中原。一六四三年，皇太極病逝瀋陽，滿族貴族們在妥協下推舉出年僅六歲的福臨爲君，年號順治；第二年李自成攻陷了北京，崇禎皇帝自縊，後來吳三桂帶領清兵入關，滿族做起了大中國的主人。順治皇帝在位十八年，死後由他的兒子玄燁繼承皇帝大位，年號康熙。這位後來揚名中外的康熙皇帝是如何繼承大統的呢？清朝官書裡有這樣的一段記述：

……（康熙皇帝）六齡時，嘗偕世祖皇二子福全、皇五子常寧，問安宮中。世祖各問其志。皇五子甫三齡未對。皇二子以願爲賢王對。上（按：指康熙）奏云：待長而效法皇父，黽勉盡力。世祖皇帝於是遂屬意焉。

上引文中的「世祖」是順治皇帝死後的廟號。由此可知：康熙皇帝的繼承是因爲他的回答，令他父親滿意而意屬他爲繼承人的。假如以上官書所記是可信的話，那麼清朝入關後第一位皇帝在順治年間就不遵祖制而改爲「預立儲君」的制度了。事實上大有問題，因爲第一，康熙在幼年時並不被他父親疼愛，而且他又因出天花臉上留有疤痕，形象也較差，又有比他年長兄弟多人，回答稱意的說法未必可信。第二，順治一朝八旗貴族權力還很強大，中央根本不能集權，皇權還不能隨意支配一切，順治皇帝似乎還不能也不敢推翻祖制，以隨便問問小兒們的答話就決定國家重大的問題。況且在順治皇帝臨終立遺詔時還有一些疑點令人不解，所以康熙皇帝的繼承，並不如官書中所記的那麼簡單。

康熙的父親福臨是在順治十八年正月初死亡的，傳說他出家當和尚的事不可信，他的死因是出天花不治而過世的。他在死前幾天，曾命令滿漢大臣到他病榻旁邊來爲他寫立遺詔，大臣中有位名叫王熙的，他是漢人，但滿洲文學得很好，所以遺詔後來是由他寫成的。據王熙自己後來寫他的年譜時，記載了當時的情形是：

(順治十八年)元旦因不行慶賀禮，黎明入內，恭請聖安，召入養心殿，賜坐、賜茶而退。翌日，入内請安，晚始出。初三日，召入養心殿，上坐御榻，命至榻前講論移時。是日，奉天語面諭者關係重大，並前此屢有面奏、及奉諭詢問密封奏摺，俱不敢載。……初六日，三鼓，奉召入養心殿，諭：朕患痘，勢將不起，爾可詳聽朕言，速撰詔書，即就榻前書寫。隨勉強拭淚吞聲，就御榻前書就詔書首段。隨奏明恐過勞聖體，容臣奉過面諭，詳細擬就進呈。遂出至乾清門下西圍屏内撰擬，凡三次進覽，三蒙欽定，日入時始完。至夜，聖駕賓天，泣血哀慟。……

從王熙自己的記事中，不難看出當時有一些「關係重大」的事他「不敢俱載」，而他遵命為皇帝寫的遺詔又「三次進覽，三蒙欽定」，顯係遺詔文字内容是頗費周章的，而且有些是祕密而不能公開的。同時後來有人為王熙寫傳記時，曾說他在順治臨死時「面授憑几之言，終生不以語人，雖子弟莫得而傳」，更令人相信當時必有重大而不可告人之事。

順治的遺詔究竟有些什麼内容呢？現在我們從清宮檔册裡可以看到一共有十四條，大多是他自責口吻的文字，例如他在用人行政上因循苟且、漢化過深、子道不終、對宗室弟兄的友愛不夠、對滿洲大臣的照顧不周以及不夠節省經費、任用太監等等。但是他也提到「元良儲嗣，不可久虛」的事，在遺詔中他降旨似的說：「朕子佟氏所生，八歲岐嶷穎慧，克承宗祧，茲立為皇太子，即遵典制……即皇帝位。」康熙皇帝也因此合法的取得繼承的地位。

這是清代官方文獻的說法，我們從一位外國人的記事中看到另一個版本，康熙皇帝的繼承是別有原因的。那是當時在清朝中央服官的湯若望（Johannes Adam Schall Von Bell）神父親身見聞的記述。湯若望與順治皇帝一度成爲知交，並徹夜的談過心，順治臨終前他也被召喚到養心殿中來，爲皇帝的健康祈禱過。湯若望目睹當時實情，曾寫下以下的文字：

如同一切滿洲人們一般，順治對於痘症有一種極大恐懼，因爲這在成人差不多也總是要傷命的。在宮中特爲奉祀痘神娘娘，是另設有廟壇的。或許因爲他對於這種病症的恐懼，而竟使他眞正傳染上了這種病症。

在這個消息傳出宮外之後，湯若望立即親赴宮中，流著眼淚，請求容許他覲見萬歲。……湯若望又令內臣轉奏，皇帝陛下靈魂底永久福樂。……皇帝深深的感嘆，……他說：如果他恢復健康時，他一定要信奉湯若望底宗教。……

順治病倒三日之後，於一六六一年二月五日到六日之夜間崩駕，享壽未滿二十三歲。

至於皇位繼任人選的問題，湯若望也有文字記載，他說：

……一位繼承的皇子尚未詔封，皇太后立促皇帝作這一件事情。皇帝想到了一位從兄弟，但是皇太后和親王們底見解，都是願意皇帝由皇子中選擇一位繼承者。……這樣皇帝最後……封一位庶出的、還不到七歲的皇子爲帝位之繼承者。當時爲促成這一決斷所提出的理由，是因爲這位年齡較幼的太子，在髫齡時已經出過天花，不會再受到這種病症的傷害的。……這位這樣被選擇的皇帝，後來在康熙年號之下，竟成了中國偉大君主。

湯若望的這些記述文字中，不但說明了順治臨死前在建儲問題上一些變化，同時也讓我們了解王熙之所以「終生不以語人」的眞正原因以及康熙能夠繼承的關鍵所在。

康熙帝的生母是佟佳氏，幼年被選入宮成爲順治的妃子，但不久皇帝熱愛另一位董鄂妃，佟佳氏被冷落了，直到順治病逝，她始終沒有得到過寵愛。幸而她的兒子成了皇帝，母以子貴，她的地位大升，與嫡后並稱爲兩宮皇太后。可惜她是一位薄命婦人，在康熙二年她就因病辭世了，享年只有二十四歲。

康熙不是皇后所生，生母又不是滿族，他的年紀很小，根本談不上有什麼功業成就的背景，加上他臉上還有缺陷，他是不合適繼承皇位的，他能繼統爲君，相信以上湯若望的一些文字是有助於我們解釋這一謎團的。

2 康熙皇帝的相貌

在專制時代，不管皇帝的長相如何，史官們都會給他作些誇張的描寫，康熙皇帝在官方史書裡的記述也不例外。

約在兩百八十年前，有一批御用史官，給康熙皇帝的相貌作了如下的寫生：

天表奇偉，神采煥發，雙瞳日懸，隆準岳立，耳大聲洪，徇齊天縱。

到清朝亡國以後，另一批對清朝懷有「黍離之悲」的史官，仍讚美康熙帝是「天表英俊，岳立聲洪」。這些都是古人對名君典型的塑象，不能完全相信。

倒是有些從外國來華的人士，他們不經意地寫下了一些觀感，卻是親身的觀察。他們當時或先或後的見過康熙皇帝，他們寫下的文字我認爲是值得一讀的。例如康熙六年（一六六七）夏天，荷蘭國派了一個使節團到北京，他們帶來很多禮物，其中包括四匹波斯大馬與兩隻孟加拉小白牛。使節團中有人記錄了當時的情形：

……一行人穿過四道門後，進入內宮，先由鰲拜、後經遏必隆的檢查，而後，等待康熙接見。康熙皇帝騎著馬走了出來，他中等個子，很白皙，約有十六歲，穿著樸實，他穿了件前後肩都繡著些東西的藍緞褂，腳著黃靴。他十分仔細的打量著禮物中的馬，兩眼幾乎沒有離開過它們的身子，不時的笑著和鰲拜談論著馬。

文中的鰲拜與遏必隆是當時的兩大輔政大臣，那一年康熙皇帝才十三歲，還沒有發育成大人，說他中等身材是眞實的。可惜荷蘭人這簡短的敍述，只能給我們一個籠統的印象，不夠深入。

康熙二十一年（一六八二），朝鮮來清朝進貢的使臣在北京看到皇帝，他們一行回國之後，朝鮮國王問起康熙帝的容貌時，使團領隊昌成君李俰向國王答道：

皇帝容貌，碩大而美，所服黑狐裘。

這一年康熙皇帝已經是二十九歲的壯年人了，所以有「碩大而美」的讚語。不過，荷蘭人也好，朝鮮人也好，他們與康熙皇帝會面時，都是在正式的場合，而且有禮儀規範限制，皇帝與他們必有一段距離，因此他們所記的只是一個大概的輪廓。

在康熙三十年代前後，有幾位法國來的傳教士很得到皇帝的賞識，因爲他們之中，有人爲皇帝製藥治病，有的教皇帝數學、天文，經常在宮廷裡走動，有的人每天都與皇帝見面，他們對皇帝相貌當然看得清楚多了，所寫的紀錄應該是更逼眞可信了。其中有位名叫白晉（Joachim Bouvet）的傳教士，後來回到法國，在他進呈給法王路易十四的報告中，曾對康熙的相貌寫了如此的一段文字：

> 他一身絲毫也沒有與他占據王位不稱之處。他威武雄壯，身材勻稱而比普通人略高，五官端正，兩眼比他本民族的一般人大而有神。鼻尖稍圓略帶鷹鉤狀。雖然臉上有天花留下的痕跡，但並不影響他英俊的外表。但是，康熙的精神品質遠遠強過他身體的特性，他生來就帶有世界上最好的天性。他的思想敏捷、明智、記憶力強，有驚人的天才。……

白晉是耶穌會傳教士，他生於一六五六年，一六八五年來到中國，很快學會了漢文與滿洲文。康熙二十七年（一六八八）到北京晉謁皇帝，由於皇帝欣賞他在數學、醫學以及天文等學科方面的才學，便留他在宮廷中服務。他常有機會見到皇帝，因此以上他對康熙的一些描述應該是可信的。白晉說康熙帝得過天花，並在臉上留有痕跡也是確有其事的。根據史料，我們可以看到在清朝入北京城不久之後，京城附近一帶痘症大肆流行，逼得皇家紛紛搬出皇城避難。順治十二年（一六五五）冬天，「中宮（按指順治皇帝的第二位皇后孝惠后）出疹，上避南海子（南苑）。惜薪司日運炭以往。十二月，命惜薪司環公署五十丈，居人凡光面者，無論男女大小，俱逐出」。惜薪司是太監衙門的一個單位，冬天北京寒冷，每天必須運炭給皇帝住處應用。又爲了怕皇帝住處的人民會患上痘症而傳染給皇家或運炭的人，所以將公署附近五十丈方圍裡的所有可能會染上天花的「光面者」全部趕走，以保安全。康熙皇帝當時剛出生不久，還不滿兩週歲，因爲「未經出痘，令保姆護視於紫禁城外」居住，儘管如此，後來他還是被傳染上了，以致在他臉上留下了天花的痕跡。康熙在天花病癒之後，大概五、六歲時才又回到宮中居住。

滿洲人一直把天花看成是可怕的災難，當他們在關外建立龍興大業時，他們「怕痘子」的事早就是盡人皆知的了。明朝軍隊與他們作戰失敗時，曾在路上放棄患痘症的人以阻止滿洲的追兵。朝鮮人也記載過「清主畏忌痘疫，不敢出臨」的事。當時他們還不懂得種痘以免疫，順治皇帝就因患痘症而死的，康熙則因天花成了不嚴重的痲面人，不過，天花也帶給了幸運，讓他得到皇帝的大位。

以上是有關康熙皇帝相貌的一些文字記述，當然清宮中珍藏的多幅康熙畫像，也是有助於我們了解這位皇帝容貌的，可以參看。

3 康熙的血統

清朝是清太宗皇太極在關外建立的，康熙皇帝是清朝入關後的第二代君主，按理說他是滿族的後裔；不過他的身體內所流的血液並不單純只是滿族的血液，顯然是比較複雜的。現在根據可靠史料，略作分析如後。

建立清朝的愛新覺羅家族，其先世歷史很久遠，不易詳實考究。從努爾哈齊這位被稱爲清太祖，也是爲大清帝國開創基業的人開始，史書裡才有比較明確的紀錄。他身爲大汗，所娶妻妾很多，有資料可考的共有十六人，其中日後被稱爲高皇后的是海西女眞葉赫部首領楊吉砮的女兒，名孟古哲哲，她比努爾哈齊小十四歲。萬曆二十年（一五九二）爲努爾哈齊生下第八子皇太極，也就是後來繼承爲大汗的清太宗。孟古哲哲死於萬曆三十一年，努爾哈齊非常哀痛，曾以婢女四人殉葬。海西女眞在明朝史書中被認爲與努爾哈齊所屬的建州女眞一樣，同是女眞人。但是清朝官書裡則說葉赫部的祖先是蒙古人，所以孟古哲哲的血統可能是滿蒙兼有的。

皇太極繼努爾哈齊爲大汗，在名稱爲後金的政權下發展，征服了朝鮮，平定了蒙古，幾次打敗遼東明朝駐軍，甚至深入長城打到河北、山東等省，他終於建立了清朝。可惜他在李自成攻陷北京、北明亡國的前一年逝世，入關的事業只有留待他的子孫完成了。皇太極也是妻妾眾多的，史籍記載的至少有十五人，而其中有五人地位較高，被封爲五宮的后妃，她們是孝端文皇后、孝莊文皇后、敏惠恭和元妃、懿靖大貴妃以及康惠淑妃。這五位后妃全都是蒙古人，孝端文皇后博爾濟特氏是科爾沁蒙古貝勒莽古思的女兒，是皇太極元配，但未生子。她的侄女二人後來也陸續嫁給了清太宗皇太極，一個是莊妃，一個是宸妃。莊妃聰明能幹，宸妃賢淑文靜，都是皇太極的愛妾。莊妃爲皇太極生下一子，即日後繼統爲君的順治皇帝福臨，這也是莊妃母以子貴而地位上升，最後被封爲孝莊皇后的原因。宸妃也爲皇太極生下一男，但兩歲夭殤，而且宸妃自己也在不久後病逝，所以她雖得皇太極寵愛，但壽短命薄，在清朝歷史上不佔重要篇幅。懿靖貴妃與康惠淑妃可能是察哈爾蒙古林丹汗的妻室，皇太極打敗察哈爾，林丹汗走死青海以後，她們兩位歸降了滿洲，也嫁給了皇太極。在這五位蒙古女士中，孝莊后是最值得注意的一位。她是傳說中送人參湯給洪承疇而喚起洪氏對家庭妻兒眷戀終致投降清朝的人；她也是入關後清宮緋聞中「太后下嫁」的女主角。不過她在清初宮庭親貴中極有威望，一生經歷太宗皇太極、世祖順治與聖祖康熙三朝，精心扶立過順治與康熙兩位幼主，是具有相當歷史地位的人物。孝莊后本名布木布泰，近代電視劇中稱她爲「大玉兒」是杜撰而不正確的。她是標準的蒙古人，所以順治皇帝的血液中絕對混和著滿蒙兩族人的血液。

順治皇帝福臨先後册立過兩個皇后和一個貴妃。他即位後不久，攝政王多爾袞爲了控制他，爲他選立了科爾沁蒙古卓禮克圖親王吳克善的女兒爲皇后，不過後來皇帝親政了，認爲吳克善的女兒不是他自己親自選的，而且說她「事上御下，淑善難期，不足仰承宗廟之重」，將她廢降爲靜妃。這件事發生在順治十年，還引起朝廷大臣上疏爭論。第二年皇帝宣布册立另一位科爾沁綽爾濟鎭國公的女兒爲皇后，可是不久皇帝又愛上了董鄂氏，而封董鄂氏爲貴妃。董貴妃得到皇帝的寵愛超過皇后和其他的妃嬪，直到順治十七年董妃病逝，皇帝哀傷逾恆，幾個月後皇帝也因病辭世了。由於順治帝對董妃一往情深，當時就有傳說皇帝看破紅塵出家逃禪，反映了順治的感情眞摯與脆弱，事實上，順治是得天花病死的，有可靠資料可證明此事。

最有趣的是順治帝兩后一貴妃的兒子都沒有能繼位爲君，而是由一位得過天花有免疫能力的八歲幼兒繼承了大統，這位繼承人就是康熙皇帝。

康熙皇帝的生母是佟佳氏，從旗籍上看，她家屬漢軍鑲黃旗。事實上佟佳氏本來姓佟，祖先是遼東地區的漢族著姓。佟佳氏自幼入宮，是順治的一個妃子，十五歲時就生下了康熙，可是在康熙帝兩歲時，父親順治就與董鄂妃相愛，其後封董鄂氏爲貴妃，康熙的生母一直被冷落著，直到後來康熙繼統當了皇帝以後，佟佳氏才被提高地位升爲皇后，但在被尊爲「慈和皇太后」後僅僅四個月她就撒手人寰，因病逝世了。她算是一位福薄短命的婦人，死時才二十四歲。

不過佟氏家族卻有不少福祿雙全的人。慈和皇太后佟佳氏的祖父叫佟養眞，他在天命四年（一六一九）投降了清太祖努爾哈齊，兩年後被明朝邊將毛文龍所殺害。佟養眞有二子，長子佟豐年，次子佟盛年。佟豐年後來也被毛文龍所殺，佟盛年則在改名佟圖賴之後活躍於後金天命與天聰兩朝之間，尤其在對明戰爭中表現得相當傑出，很得皇太極的信任。清朝入關之後，佟圖賴仍繼續率領他的砲兵步隊爲清朝南征北討，在河北、山東、山西等戰役中都建立過功勛。後來更被清廷重用，授爲定南將軍，出征湖南、廣西等地。順治八年凱旋回京，授禮部侍郎，晉三等子爵，順治十三年又贈太子太保銜，眞可謂位極人臣了。佟圖賴生有二子一女，長子佟國綱，次子佟國維，都是康熙朝的名人。女兒佟佳氏則嫁給順治帝爲妃，順治十一年生下康熙帝，使得佟家更爲高貴了。佟家在清太宗成立漢軍八旗時，最初被編入漢軍正藍旗，據清宮珍藏的《鑲黃旗漢軍譜檔》中記：崇德七年（一六四二）分漢軍爲八旗時，將佟養性、佟養眞帶來的族人一千零二十八人，又四百四十八名，編成七個佐領。由養性之子佟圖占與養眞之子佟圖賴共掌佐領，隸漢軍正藍旗。康熙八年（一六六九）因佟圖賴爲皇后生父，乃將其所管佐領抬入滿洲鑲黃旗；不過譜檔中仍記爲隸屬漢軍鑲黃旗。另據史書記因佟國綱奏請，在康熙二十七年四月，皇帝爲感念生母恩情特准佟家本支改入滿洲，隸屬天子自將的鑲黃旗，這次抬旗，當然是皇帝爲母家地位與權勢而作出的具體措施。

據上可知：遼東地區大家族佟氏是較早投降滿洲的漢人，他們以軍功起家，一門群眾一直受到滿洲貴族的寵信，他們興起於太祖努爾哈齊時代，著名於太宗皇太極之世，鼎盛於康熙以至於日後諸朝。清初政壇上有人稱「佟半朝」，可見其家族地位之高，勢力之大。事實上，從清初的一些人物傳記裡就可以看到，在明朝末年，佟氏族人投降滿洲的很多，其中見於文獻的就有佟養性、佟養眞、佟養甲、佟養量、佟養臣、佟岱、佟山、佟三、佟延年、佟國禎等，在當時他們都編入了漢軍正藍旗。入關以後，除佟圖賴擔任過禮部侍郎外，順治年間還有佟養甲、佟國鼎、佟岱、佟養量、佟延年、佟鳳彩、佟國器，分別在兩廣、福建、浙江、山西、甘肅、四川等地任職過總督、巡撫或總兵官。康熙之世，佟國器、佟養臣、法海等人又在福建、廣東一帶任封疆大吏。佟國綱、佟國維、隆科多更因國舅身分出掌過領侍衛內大臣、參贊大臣、步軍統領等內廷要職。佟氏家族眞是一門數將軍，督撫滿天下，確是權勢顯赫的家族。

康熙的母親出自漢人家庭，父親又具有滿蒙兩族的血統，所以若從遺傳學上來說，康熙血液裡流著多種族群的血，而清初所謂的「滿漢不通婚」政策也是政治表面的條文，在醫學與生理學上都不成立的。

4 簡樸的康熙皇帝

在清宮裡服務了好幾年，並且與康熙皇帝有過親密交往的法國傳教士白晉，他回國之後，曾經寫了一份報告書給法國國王路易十四，這報告後來又被稱爲《康熙帝傳》，其中有不少文字是描述康熙簡樸生活方面的，現在扼要的摘錄幾段如下：

> 中國皇帝，或者因爲他擁有的無窮財富，或者因爲他疆土的廣闊富饒，說他是世界上一位最有勢力的君主也許是沒有人會反對的。儘管這樣，康熙眞正用於他自己身上的一切遠遠談不到奢侈。……（康熙的）那種恬淡素樸簡直是沒有先例的。他的餐桌是切合一位偉大君主身分的，桌上是按照當地的觀念和方式，擺滿了金銀餐具，但是除了循例供奉的東西外，他毫無奢

求。他滿足於最普通的菜肴，從未有過絲毫的過度，他的淡泊超過了人們所能想像的程度。

康熙皇帝曾經派人在北京郊外二法里外造了一座他喜愛的苑囿（按指暢春園），每年要在那裡度過相當一段時間。裡面除了他命人開鑿的兩個大水池和幾條河道外，再也沒有什麼使人感到與一個既富有又強盛君主所應有的豪華氣派相稱的東西了。那裡的一切非常潔淨。它的建築、它的庭園、它的布置，比起巴黎郊區一些王侯爵爺的別墅來，要遜色得多。

他喜歡簡樸，甚至在他的衣著和他的一切生活用品上都能看得到。他的衣著除了幾件宮廷裡極爲常見的過冬的黑貂、銀鼠皮襖外，還有一些在中國算是最普通、最常見，只有小百姓才穿不起的絲綢服裝。逢到雨天，人們有時看到他穿一件毡製外套，這在中國被視爲一種粗製的衣服。夏天，我們看見他穿一件普通的麻布短褂，這也是一般人家常穿的衣服。……

他在宮內、宮外不騎馬時用的那頂轎子，只是一件類似擔架的東西而已。木質平常，塗漆，有幾處包有銅片或者點綴一些鍍金的木雕。如果他騎馬外出，幾乎是同樣的簡單。馬具中較豪華的只不過是一副相當樸素的鍍金鐵質馬鐙，以及一副由金絲絨編製的馬韁繩而已。

以上的文字就是一位西洋耶穌會教士的親身見聞。白晉是一位虔誠天主教徒，相信他不會做騙人的不實報導的。康熙平日在食衣住行方面的儉樸，在當時的中國也有一些文字記事可以參考。例如在吃的方面，他自己曾經說過：「朕每日進膳二次，此外不食別物，煙酒及檳榔等物皆屬無用。」他喜歡吃黃瓜、蘿蔔、茄子一類的蔬菜，尤其到晚年，他認爲「老年人宜淡食，每兼蔬食之，則少疾，於身有益」。他對於某些水果是喜愛的，但他相信「必待其成熟之時始食之，此亦養生之要也」。康熙不吃人參，不重藥膳。他始終覺得：「南人最好服藥服參，北人於參不合。朕從前不輕用藥，恐與病不投，無益有損。」他在食的享受方面，比起他的孫子乾隆皇帝來，實在望塵莫及、不可同日而語。

在康熙四十年代之前，當時熱河避暑山莊未修建之前，皇帝喜歡常住暢春園。這個庭園原先是明朝皇家親戚李偉的清華園，清朝入關後接收了該園，成爲清代皇家第一個園林。康熙自己說過：「茅屋塗茨，略無修飾。」有位曾被召見過的大臣，名叫程庭，他後來寫了《奇驂隨筆》這本書，其中談到了他當時見到的暢春園的情況：「垣高不及丈，苑內綠色低迷，紅英爛熳。土阜平坨，不尙奇峰怪石也；軒楹雅素，不事藻繪雕工也。」這與白晉所說的情形大同小異，都是可以證明康熙的住處是樸實無華的。就是後來他興建避暑山莊，其主要目的是在籠絡蒙古外藩，在他有生之年，也不是什麼豪華的宮殿，康熙死後，他的兒子雍正不願住在那裡，在把康熙當年的一些陳設運回北京時，雍正曾對大臣們說：「服御之物，一惟樸質，絕少珍奇。昨檢點舊器，及取回避暑山莊陳設，思慕盛德，實無終已。」熱河避暑山莊增飾工作，是乾隆皇帝做的。

一個簡樸的人，對一般生活的事物往往不會刻意要求的。白晉說他有一次出巡外地，蔬菜補給不濟，皇帝就與隨從人員一樣的只吃牛羊肉，因爲「他不想比別人更講究」。另外在康熙四十三年八月初二這一天，皇帝去釣魚處，膳房裡的人「所備止有肉肴，竟忘攜帶飯食，諸皇子及近御侍從，俱欲笞之」，皇帝阻止他們笞打膳房的人，並對他們說：「此乃小事，可寬宥之。」這也可以看出康熙在吃的方面是可以容忍很多事的。

康熙晚年，牙齒不好，很多硬的食物不能入口，他說：「朕今年高，齒落殆半，諸凡食物，雖不能嚼，然朕所欲食者，則必烹爛或作醢醬，以爲下飯。」還有在他年近花甲之時，他臉上的鬍鬚變白了，有人勸他用「烏鬚藥」，他不以爲然地說：「從古以來有幾個白鬚皇帝？我若能鬚髮皓然，豈不爲萬世之美談乎？」康熙皇帝確是一位樂天知命的隨和人，事實上，他對生死也看得很淡，不像很多皇帝要求長生不老的仙丹靈藥，他卻認爲：「人之有生必有死。如朱子之言，天地環境之理，如晝如夜。孔子云居易以俟。皆聖賢之大道，何足懼乎？」這些開朗樂觀的胸懷，相信多少都與他簡樸生活觀念有關的。

5

謙虛的康熙皇帝

專制時代的中國，君主的地位是高不可攀的。臣僚們爲了求得皇帝的歡心，爲了得到聖恩與眷寵，都會極盡所能的向君上諂諛逢迎。皇帝也像常人一樣，都是喜歡聽別人說好聽話的。因此大臣的奉承、君上的自誇在史書中屢見不鮮，也不足爲奇。

然而，康熙皇帝卻有些例外，他在位六十一年之中，我們發現他一直表現著謙遜不驕，他不喜歡別人對他過分的阿諛與讚美，他眞是一位不尋常的皇帝。

這位一生愛讀書的皇帝，多年來一直有些飽學之士爲他講學。當翰林院官員向他進呈講章時，難免會用些稱頌君主的文字，康熙看了不以爲然，常常命令他們改寫，而且不是做作的，是出於他的誠心。現在且舉兩則作爲說明：

康熙十四年二月十七日，皇帝就命令經筵講官重寫過講章，事情是這樣的：

春季經筵《四書》、《書經》講章二節，同經筵各官擬定，學士傅達禮呈覽。上諭：講章內書寫稱頌之言，雖係定例，凡事俱宜以實。這〈中庸誠者天之道也〉一節講章內有「秉至誠而御物，體元善以宜民，固已媲美三王，躋隆五帝」等語，似屬太過，著另改來看。

康熙二十一年八月，類似的事又發生了。「翰林院掌院學士牛鈕等啓奏，經筵講章庶矣哉二段內，頌聖處有道備君師，功兼覆載二語。上曰：經筵大典講章，須有勸戒箴規之意，乃為有益。此二語太過，著改撰。」像這樣的記事，在康熙早年經筵講學的故事裡經常可以看到，顯然他是不喜歡講官們過分頌揚的。

康熙不但對經筵講章文字講求要切合實際，連他一生最喜愛的而且也是眞有些成就的中國書法與詩文，他也不要大臣對他過分的頌揚讚譽。儘管不少大臣恭維皇帝說他的書法「結構謹嚴，筆法超拔，神化之妙，難以名言」。有人說他的字可比董其昌，更有人說他「筆意與趙子昂相彷彿，而神彩渾厚實遠過之」。但是他總是對大臣們說：「朕萬機餘暇，留心經史，時取古人墨蹟臨摹，雖好慕不衰，未窺其堂奧。」同時他也不同意大臣們諂諛他所說的皇上有天賦的才能，所以書法才如此的美好。他說他是經由苦練才有些成就的。即使他賜給大臣御書墨寶時，他也會說

：「卿等佐理勤勞，朝夕問對，因思古之君臣，美惡皆可相勸，故以平日所書者賜卿，方將勉所未逮，非謂書法已工也，卿等其知朕意。」

康熙皇帝在這些方面眞是非常自謙的，同樣的他在大臣們要集印他的詩文時，也有類似的表示。他說他「雖間有著作，較之往代，自覺未能媲美」。後來大臣們說他的文章「鎔鑄六經，包蘊萬象，爲歷代帝王所未及，允宜刊刻頒布」，他才同意「援據典例懇請，勉從所議刊行」。

康熙皇帝是中國歷史上少見的勤學君主，他的學問很廣博，尤其精通中國的理學，西洋知識也很豐富，因而大臣們都認爲皇帝天賦異稟，與一般平常人不同，所以才能學貫中西。康熙對這樣的說法也不認同，有一次他對領侍衛大臣說：「朕嘗講論天文、地理及算法、聲律之學，爾等聞之，輒奏曰：皇上由天授，非人力可及，如此稱譽朕躬，轉掩卻朕之虛心勤學處矣。爾等試思，雖古聖人，豈有生來即無所不能者，凡事俱由學習而成。……」康熙就是這樣一個不愛被人吹捧的人。

康熙皇帝不喜歡別人阿諛逢迎，也可以在另外的一些事件上看得出來。例如有一回他到關外打獵，在鄂爾楚克哈達地方哨鹿，獵獲頗豐，一天竟獵得十一隻大鹿，船廠的佐領那柳就拍馬地說：「臣生長本地，一日獲十一鹿者，臣實從未經見，眞神奇也。」康熙對他的話只冷淡地答道：「朕從來哨鹿行圍，多所殺獲，何神奇之有？」皇帝顯然是不喜人家諂諛的。

康熙四十一年九月二十四日，兩江總督阿山上奏說地方糧食豐收都是皇帝有福氣與英明領導的關係，眞是「天心靈感，屢顯豐饒景象」。康熙不接受他的奉承，反而給他一個如下的批答：「若云此皆皇帝洪福齊天，恩播遐邇所致，則江北屬數地及山東數處，皆被水災，民游食者亦多，抑非福不與天齊，恩未能傳布所致耶？」在中國歷史上，大臣爲對皇帝歌功頌德，常常用勒石記功、請上尊號等事來滿足皇帝的虛榮心，達到向皇帝諂媚的目的，康熙一朝當然也不例外。不少大臣上奏說：「應將皇上天威、奇才、無窮之恩，恭立碑記，以傳頌後世萬萬年。」皇帝對這些請求常常批示：「凡立碑者，惟爲一時之名，並不能與永載實史可比，此事理應停止。」或者簡單地批說「所奏不合」、「不允」等。

最難得的是康熙拒絕大臣爲他上尊號了。在康熙二十年，因爲平定三藩大亂，御史何嘉祐等人奏請加上尊號，以彰顯功德；皇帝不同意，認爲「此奏無益」。兩年之後，台灣被收入了版圖，大臣們以海疆從此安寧，請上尊號，他回答大臣說：「不願煩擾多事，不必上尊號。」後來大臣又上奏請求，強調這是古昔帝王所沒有的功德，康熙仍是堅持「不必行」。同年喀爾喀蒙古等首領多人也聯合上書：請加尊號，康熙對他們的擁戴之心，十分嘉慰；但是他沒有准行，只希望蒙古各部「親睦雍和，永享安樂，更勝於上朕尊號」。康熙三十六年，在皇帝領兵三次親征噶爾丹勝利之後，大臣們以爲這是「聖德神功，超越千古」的事，應上尊號。可是皇帝認爲噶爾丹的消滅，全是「上天的篤祐，祖宗之福佑，眾將士之勤勞」，他自己無功勞可言，而且他也不以尊號爲貴，所以「不必加」。後來又王公、貝勒、官員士民一齊到暢春園再度請上尊號，皇帝仍不允許，並下命以後「毋復再奏」。康熙四十一年，皇帝五十大壽，王公官民又一齊請求上尊號，得到回答仍是「終不允」，因爲皇帝還是說：「若誇耀功德，取一時之虛名，大非朕意。」康熙晚年，在他過花甲大壽之時，大臣們都說皇帝爲國家服務了五十多年，「論功，則超越三王；語德，則包涵二帝」，中國有史以來難得的理想君主，應該「上尊號」。康熙的答覆仍是一樣：「若侈陳功德，加上尊號，以取虛名，無益治道，朕所不喜。」上尊號的請求，「斷不允行」。

康熙皇帝實在是一位才華出眾、文治武功都有大成就的君主，在中國歷代的帝王中確實是罕見的；而他一再的，從多方面的堅拒別人的讚譽、恭維，更是難能可貴。尤其他的這種謙虛態度，儘管他是裝出來的，但也是一般人不易做到的了。

6 康熙喜歡微服私訪？

康熙皇帝是清朝入關後的第二代君主，也是中國歷史上不多見的英武明君。他在位期間，曾經先後滅權臣、平三藩、收台灣、敗帝俄，還有定蒙古、撫西藏，武功眞是盛極一時，無人可比。不但如此，他在征伐之餘，又能重視學術的提倡、中華文化的弘揚、編纂圖書、獎勵學者，文治上的成就也很高。他確是應該佔有歷史偉人地位的，難怪當時在清朝宮廷裡的西洋傳教士們，也有讚譽他是「人世間無與倫比的帝王」。

由於康熙皇帝享國六十一年，時間很長，而他又關心民生國事，常常到各地巡視查看。他曾先後六次南巡，到山東江浙等地實地探訪，了解各種地方情形。他又多次東巡瀋陽，遠遊塞北，加上早年多住北京附近的暢春園以及後來經常勾留在熱河的避暑山莊，所以給人的印象是他很少住在京城，不斷在民間走動，一些野史與現代歷史小說家們便臆測他微服私訪民間的事了。

有的野史裡說他曾偷偷的參加過京城中舉行的會試；有的小說裡說他走訪農村初嘗鄉野平民菜肴的美味；有的電視劇裡更異想天開的說康熙皇帝爲了辦案，願意戴枷坐牢並與黑道人士拚殺；另有傳說他由紫砂壺而破奇案的超人智慧，以及他與青樓女子合力打擊犯罪的神勇行爲。類似的記述很多，可謂不一而足。然而這些情節精采、趣味橫生的故事，都是後人杜撰的、亂編的，不是眞實的史事。

就以小說寫記康熙喬裝赴考只得第五名一事爲例，作者說事情發生在康熙三十三年，「那一年，他（按指皇帝）心血來潮，乘全國各方舉子到京城考狀元的機會，化名改姓，扮成應考的舉子，想顯露一下自己的才華……」，且不說清代的考試制度很周密，禮部舉辦的全國性的會試更是不敢馬虎，所有參加的考生都必須具有舉人的資格才能參加，康熙皇帝從來沒有經過這些考試，如何取得舉人身分？而且在會試大典之前，又有磨勘與複試的手續，化名改姓的人是絕對不能通過的。負責主考的官員們一定在朝廷上見過康熙，那能在這些查核的場合識不出皇帝。除了這些以外，在那一年會試的期間，正好我們找到皇帝那幾天的日記資料，很能證明他不可能被關在會試考場裡的，以下是那幾日的官方史料記事的大要：

二月八日：皇帝在乾清門聽政，其後又與大學士伊桑阿、阿蘭泰、王熙等人討論摺本，處理國事。當天並任命了雲南提督等武職人選。

二月九日：皇帝先在保和殿視察社稷壇祝版，後來到乾淸門聽政，稍後又與大學士等討論摺本，處理公務。皇帝對吏部提出革湖廣宜城知縣傅夢熊職務事，認爲不妥，「著再議具奏」。對於振武將軍孫思克請求補授的兩位武官韓澄、張榮祖新職位，兵部「俱不准行」的決定皇帝不同意，結果照孫思克所題的准予補授。

二月初十日：給事中薩穆哈、樊咸修在經筵之日「錯立班次，殊屬不合」，吏部決定處分他們罰俸六個月。皇帝沒有採納，從寬免罰；不過薩穆哈因年齡老邁，准他解任。當天皇帝又與兵部大臣討論了雲南、貴州等地武官的一些問題。後來又到皇太后宮中去請安。

二月十一日：章皇后忌辰，皇帝爲盡哀思沒有辦公。

二月十二日：出巡視察京城近郊，出午門、正陽門，駐蹕南苑紅門內舊宮。

二月十三日：駐蹕鳳河營，當地駐防武官防禦薩哈連、守備樂儀鳳等來朝。

二月十四日：駐蹕河西務、武關營遊擊聶達等來朝。

二月十五日：駐蹕楊村、營守備何鋌等來朝。又通判趙良臣等來朝。

根據以上記載，可知皇帝當時每日有事忙碌，朝廷辦公有大臣多人在一起共同議事，出巡也有文武官員隨行，他是無法偷偷地扮成舉子去應考的。以上皇帝的起居日記資料每天由專人寫記，並於篇末註明當日記注官的人名，是極爲可靠的第一手史料，所以康熙參加會試之說是杜撰不可信的。同樣的，康熙皇帝每次東巡、南巡也逐日都有他活動的紀錄，參加各項祭典、考察地方建設、教訓文武官員、召見地方士紳，忙得不可開交，根本不可能微服出外私訪。尤其康熙皇帝一直不贊成爲人君的微服出遊，他在晚年，還對都察院的左都御史徐元夢說過：「微行之事，斷乎不可。不但爲人君者，即總督、巡撫亦不可。如朕在外微行，何人不識？此特古來開創帝王恐人作弊，昌言於外耳。書生信以爲眞，載於史册矣。」康熙一生崇尚中國理學，一心想做傳統儒家的聖賢君主，他的一言一行都是以道學夫子爲準則的，如果不是眞的特別需要，他不可能冒大韙被後世人評成明武宗正德皇帝那樣的君主的。

7

康熙皇帝的漢人妃嬪

《清朝野史大觀》一書中，選錄了一些清代作家的詞作，其中有《清宮詞》一首，內容是：「華風纖巧束雙纏，妙舞爭誇貼地蓮。何似珠宮垂厲禁，防微早在入關年。」這首詞後又有註文說：「順治初年，孝莊后諭：有纏足女子入宮者斬。此旨舊懸於神武門內。」孝莊后是指傳說中下嫁給多爾袞的皇太后，她是清太宗皇太極的太太，順治皇帝的母親。纏足女子當然是指漢族女子，因為滿蒙兩族的婦女在當時都是天足，即大腳、不裹小腳的。清朝皇家一向極重家法，因此長久以來，在一般人的心目中，都以為清朝皇帝是不娶漢族女子為妻妾的。

法國傳教士白晉（Joachim Bouvet）在他給法王路易十四的報告書中（此書亦稱《康熙帝傳》），有一處特別提到：「皇帝到南京巡視江南，人們根據舊習慣，以朝貢的方式給他進獻了七個美女，他連看都不看一眼，拒不接受。」白晉在康熙皇帝面前奔走過多年，教過皇帝西洋科學，也爲皇帝製造過西藥。他的《康熙帝傳》內容可信度很高，因而人們也相信康熙南巡時沒有帶江南女子回宮。

然而事實並非如此，野史裡的詩詞是得自傳聞而作的。白晉也是聽別人談到的一些見聞。康熙若要看中江南女子，帶回宮中，又怎麼讓一般人都知道，況且康熙曾六次南巡，後幾次白晉早已返回法國去了，因此他的報告也是不周遍的結論。

事實上，康熙皇帝不但娶了漢族女子作妃嬪，而且不止一位。首先我們來看高士奇的一些記述。高士奇杭州人，曾在南書房裡爲康熙皇帝服務過一些時期，很得皇帝寵信。康熙二十八年被人彈劾結黨營私，受賄賣官，皇帝無法保護，只得讓他退休回家；三十三年又被召入京，還在南書房裡任職，後因年老休致。康熙四十二年皇帝南巡江浙，他在杭州迎駕，後來隨皇帝一同返回北京，備受禮待，並請他到暢春園裡作客，與皇帝對面談心。他後來在他《蓬山密記》中記述了當時皇帝向他公開了兩幅貴嬪的畫像，指著其中一副對高士奇說：「此漢人也。」「寫得逼眞。爾年老，久在供奉，看亦無妨。」可見康熙的後宮中確有漢族女子作貴嬪的。

另外在康熙四十八年（一七〇九）七月間，皇帝的親信任職蘇州織造的李煦，突然派人呈進了一份密摺，摺中說：「王嬪娘娘之母黃氏，七月初二日忽患痢疾，醫治不痊，於七月十四日午時病故，年七十歲，理合奏聞。」皇帝在李煦的奏摺上批了：「知道了，家書留下了，隨便再叫知道吧。」意思是：王家的家書暫時留下了，等以後再讓她（王嬪）知道吧。王娘娘的母親家姓黃，當然是漢人。李煦在蘇州做官，王家必在他的任所轄境之內，應該是沒有疑問的。

另外從康熙朝宮中所藏后妃生育資料，我們可以查出這位王娘娘曾爲康熙皇帝生過三個兒子，分別是胤禑、胤祿與胤祄。年長的胤禑生於康熙三十二年，王娘娘當時年約二十歲。康熙帝曾在二十三年與二十八年兩度南巡，都到過蘇州，從胤禑出生情形看，王娘娘可能是第二次南巡時帶回宮中的。王娘娘直到康熙五十七年才被册封爲密嬪，康熙死後，由雍正尊封她爲密妃。乾隆九年她才逝世，年齡七十多歲，當時已被尊爲順懿密太妃了。

除了王娘娘之外，在《愛新覺羅宗譜》、《清史稿・后妃傳》、《清皇室四譜》等專書中，我們可以看到在康熙的後宮中還有其他的漢人嬪妃，其中曾爲康熙帝生過子女的就有：

高氏：她在康熙四十一年九月生皇子胤禝，第二年又生皇十女，四十五年再生皇子胤禕。四年間連生三個子女，顯示她在當時是得到皇帝寵愛的。

陳氏：她在康熙五十年生皇子胤禧，因此她也自貴人尊封爲熙嬪。

石氏：康熙五十二年生皇子胤祁，自貴人尊封靜嬪。

陳氏：康熙五十五年生皇子胤祕，是康熙諸子中排行最後的一位。陳氏死後被追尊爲穆嬪。

在帝制時代的舊社會裡，母以子貴，以上這些漢族女子是因爲她們爲康熙生皇子，才被册封爲嬪、妃的。事實上，康熙朝後期宮中還有袁氏、陳氏、張氏、王氏、劉氏幾位漢族女子，只是她們僅生女兒，所以沒有被册封，當然就不能在皇家譜書上佔有重要地位了。如果我們再深入的探究一下，還可以發現康熙五十年代以後，爲皇帝生育子女的幾乎都是漢族女子，可見她們當時是受寵的一群。

康熙皇帝的后妃總數，目前可考的至少有五十五人，其中有十人不能確定她們是屬於滿族、漢族或是其他那一族，其餘的四十人中，有十位確屬漢人，其比例也不能不算高了。

綜上可知：孝莊后降旨「禁漢女入宮」以及白晉所說的都不足徵信。事實上，在康熙父親的順治時代，宮裡早就有漢人女子了。《清史稿》裡也不諱言的記著：「世祖嘗選漢官女，備六宮。」而河北灤州石家的一位女子就是其中之一。

皇家既然將漢人女子納入後宮，「滿漢不通婚」的政策也就不能徹底執行了。早年規定滿洲人娶漢女爲妻的不能上檔、領取紅賞，也不能領取錢糧。後來旗人便用「頂名」的辦法來娶漢女，就是用漢軍旗中已出嫁的女子名字來頂替，因此包括滿洲貴族在內，都逐漸與漢族通婚了。而且娶妻才要「頂名」，納妾根本不在此限。我們在清末滿洲人家所編的家譜中就可以看到不少滿漢通婚的事實存在著。

8 康熙皇帝與西洋葡萄酒

葡萄做酒不是中原的產物，早年西域地區有此名產，唐朝打敗高昌國之後，才得到這種造酒方法，帶回內地。唐朝詩人有「葡萄美酒夜光杯」句，可見當時已流行飲用。至於西洋葡萄酒傳入中國的確實時間，似乎不易考查，一般說法都以爲明末傳教士東來與此類果酒的來華關係很大，因爲清朝初年，湯若望確曾以西洋葡萄酒招待過中國友人。由於酒的珍貴，他勸過大家「不可遽飲」，酒友們「才一沾舌」，便有「融暢不可言喻」的感覺，賓主顯然都在酒會中盡歡過。另外一種說法，認爲西洋葡萄酒是由洋人進貢而來，如順治年間，有荷蘭人來送洋酒給清朝皇帝，而湯若望也確實用皇帝賜給他的洋酒招待過中國友人。無論如何，西洋葡萄酒在當時已經來華，並爲不少中國士人們喜愛了。有些酒家們甚至還寫過詩讚美它說：「紅毛之酒紅於血，色香異味三奇絕」，可見口碑還不錯。

康熙二十五年（一六八六），荷蘭人的貢品中有「葡萄酒兩桶」；不過當時皇帝還是一位不嗜酒的人，他甚至可以控制自己「能飲而不飲」，在《御製聖祖仁皇帝庭訓格言》一書中，他提到受祖訓的影響，自幼「不喜飲酒」，因爲「嗜酒而心志爲其所亂而昏昧，或致疾病，實非有益於人之物」。他又說：「平日膳後或過年節筵宴之日，止小杯一杯。」由此可見康熙皇帝一直視酒爲無益於人之物，即使在年節慶筵時，他也只喝一小杯而已。可是到了康熙四十八年（一七〇九），他突然下令要內務府的趙昌向有關地方官傳旨說：「以後凡本處西洋人所進皇上用物件，並啓奏的書字，即速著妥當家人，僱包程騾子，星夜送來，不可誤了時刻。」內務府是爲皇家服務的機關，就像明朝的太監衙門一樣，趙昌遵旨通令有關各省官員盡速送呈「西洋人所進皇上用物件」，未公開說明是葡萄酒，可是外省大臣卻不約而同地都爲皇上呈進了葡萄酒，相信大臣們必定有所聽聞的了。由於當時西洋人在廣東、福建、江西、江蘇等地傳教的爲多，這幾省的封疆大吏便分頭四處搜尋，不到兩個月，就有了豐碩的成果了。首先是江南總督邵穆布他在四十八年的二月二十四日就派人專程到北京去送酒了，他向皇帝報告說「在江寧天主堂西洋人林安恭備葡萄酒十一瓶、鼻煙一瓶」，進呈皇上。接著廣東總督趙弘燦也向皇帝奏稱：計有西洋教士穆德我呈上的葡萄酒一瓶、畢登庸的一箱、景明亮的一箱以及稍後來自郭天寵的一箱九瓶，數量堪稱可觀。福建方面則由督、撫的報告中可以看出，僅有利國安所呈的兩箱。不過江西巡撫郎廷極對此事表現的十分熱心，前後上了奏摺多起，他所收集的葡萄酒計有殷弘緒的六十六瓶、馬若瑟的五瓶、傅聖澤的八瓶、沙守信的六瓶、馮秉正的六瓶、畢安的兩瓶、穆泰來的兩瓶。另外還有「格爾默斯」、「珠穀臘」等八錫瓶，應該是指一些藥酒類與巧克力糖等的物品了。皇帝對郎廷極的工作賣力很欣賞，不過在他的報告上卻批寫：「以後你有西洋人所進之物，摺子上寫明不奏聞。」大概是要他不必過分張揚的意思。

康熙四十九年各地進呈的西洋酒爲數不多，只有兩廣總督趙弘燦在一次報告提到「西洋人李國震交到十五瓶」的事。皇帝向他批說：「近夏月，西洋船到時，問明速報。」顯見皇帝還有需要的樣子。第二年在不完全的史料中，我們只能見到廣東一省進呈的西洋葡萄酒爲多，巡撫滿丕的奏報中透現過這方面的訊息。同年六月十日，滿丕進呈地方土產時，皇帝在批語中對他說：「爾去時曾諭凡物不要進，又爲何進?以後若得西洋葡萄酒、顏料則進來，他物都不必進。」滿丕後來在五十一年的二月中又派了專人進京，向皇帝恭呈物品，奏摺裡稱：「奴才得葡萄酒、繪畫顏料幾種，派家人金才謹貢。」皇帝收到奏報後，在滿丕的奏摺上批著：「目今已值西洋船抵廣東之際，倘到，速問。一併將伊等信函繕摺具奏。」皇帝當時很盼望西洋船能帶酒來，他對葡萄酒的需要是明顯的。

康熙皇帝從不酗酒，甚至說過酒是對人無益之物，是可以亂人心志的。這樣一位道學家的帝王，何以突然變得熱愛葡萄酒，而且大張旗鼓的到處搜求洋酒呢？原來他在康熙四十七年廢了皇太子，第二年又復立儲君，但仍不滿意。加上另一皇子胤祄早逝，都令他很傷心，他自己也大病了一場。後來聽西洋傳教士說葡萄酒是大補之物，因而下令叫地方官進呈了。這件事在《奉教正褒》一書中略有記述：

康熙四十八年正月二十五日上諭：西洋人……在廷効力，俱勉力公事，未嘗有錯。……前者朕體違和，伊等跪奏：西洋上品葡萄酒，乃大補之物，高年飲此，如嬰兒服人乳之力。諄諄泣諫，求朕進此，必然有益。朕鑒其誠，即准所奏，每日進葡萄酒幾次，甚覺有益，飲膳亦加。今每日竟進數次，朕體已經大安，念伊等愛君之心，不可不曉諭朕意，今傳衆西洋人，都在養心殿，叫他們知道。

由此可知：康熙皇帝是爲治病而飲西洋葡萄酒的，而飲後效果顯然不錯，後來竟每天喝幾次葡萄酒了，改變了他以前不嗜酒的生活習慣。

不過，康熙皇帝關心西洋來船，固然是盼望帶來葡萄酒，但是他也盼望西洋人帶來的「信函」。因爲當時爲了敬天祭孔和祀祖的事與羅馬教廷發生了衝突，幾乎到了禁教的地步，康熙希望教宗能有讓步的信函來，大家可以得到和解。康熙雖然對西洋科學很傾心，對西洋物品很愛好；但他畢竟是中國的統治者，他不能背離中國儒家傳統的。

9 康熙愛戲曲

《清稗類鈔》一書中曾記道：

> 康熙癸亥，聖祖以海宇蕩平，宜與臣民共爲宴樂，特發帑金一千兩，在後載門架高台，命梨園子弟演目連傳奇，用活虎、活象、活馬。

癸亥年是康熙二十二年，這一年平定了鄭氏台灣，所以稱海宇蕩平。皇帝爲了與民同賀，命梨園子弟演出目連救母故事，顯然皇帝對戲劇是有興趣的。

同書又記：「康熙初，聖祖頒詔，禁止裝孔及諸賢。」可見在康熙初年皇帝就關心戲劇的內容了。爲了崇儒尊孔，爲了不褻瀆聖賢，他下令禁演有關孔子及聖賢的戲目。

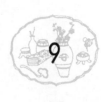

康熙朝對於戲劇的禁忌還不僅於此，《清稗類鈔》裡也記述了另一個事例：

錢唐太學生洪昉思昇著長生殿傳奇，初成，授聚和班演之，聖祖覽之稱善，賜優人白金二十兩，於是諸親王及閣部大臣，凡有宴會，必演此劇，而纏頭之費，較之御賞且數倍，聚和班優人乃請開筵爲洪壽，即演是劇以侑觴。某日，宴於宣武門外孫公園，名流之在都下者，悉爲羅致，而不及給諫黃六鴻。黃奏謂皇太后忌辰，設宴樂爲大不敬，請按律治罪。上覽其奏，命下刑部獄。……一時凡士大夫及諸生除名者，幾五十人。

洪昇的這齣《長生殿》在康熙初期確實是轟動過一時的，據說當時「酒社歌樓，非此劇不演」。《長生殿》是敍述唐明皇與楊貴妃愛情的故事，寫他們的生與死，悲與喜，詞曲清麗淒切，人物栩栩如生，實是曲文皆美的佳作。但是戲中也有宮廷荒淫腐敗的描述，另記人民的痛苦與災難，並指明皇家的「朱甍碧瓦，總是血膏塗」。所以這齣戲造成戲曲獄案的原因固然與「大不敬」有關，但是某些內容情節可能也是朝廷不喜歡的。

戲劇內容的不妥與皇帝的愛戲曲應該是兩回事。就在傳說《長生殿》被禁的同一年即康熙二十八年，皇帝曾去蒙古旅行，隨團前往的法國傳教士張誠，在他六月九日的日記裡記了這樣的一段文字：

晚上，皇帝陛下爲朝廷大臣們上演一齣喜劇，一定要我也去，以便向他解說中國戲劇和歐洲戲是否有相似之處。有三、四個演員演的好，其他的就平平淡淡了。這種戲劇中穿插有音樂和道白；既有莊嚴的場面，也有詼諧的場面；但以莊嚴爲主。簡而言之，這種戲遠不如我們的戲那樣有生氣，那樣令人動感情。……他們把喜劇分成幾部分，按各自不同的時代表演。演來很像歷史上某些重要人物的傳記，裡面插進了一些寓言，並分成幾章。但是他們從來不做放蕩的表演，或者說任何聽起來不入耳的話。演員們都穿著中國古代服裝。

這是皇帝一行在返京途中，到達古北口前一晚的記事，可見康熙戲癮不小，在回京城前的兩三天還要看戲聽曲。

康熙皇帝喜歡戲劇應該是毋庸置疑的。現在僅以《聖祖五幸江南全錄》一書中記康熙四十四年他第五次南巡江浙時，回程在揚州一地小住六天的情形，似乎就可以得到證明，書中寫當年五月回鑾事有：

初一日，皇上……御舟到三岔河上岸，進行宮遊玩，駐蹕御花園行宮。衆商加倍修理，添設鋪陳古玩精巧，龍顏大悅，……進宴演戲。

初二日，兩淮鹽院曹進宴演戲。

初三日，皇上在行宮內土堆上觀望四處景致，上大悅，隨進宴演戲。

初四日，上即在行宮內荷花池觀看燈船，進宴演戲。

初五日……文武官員晚朝，進宴演戲。

初六日，晚朝，進宴演戲。……

康熙皇帝此次南巡來回都經過了揚州，各住六、七天，回鑾時竟在揚州一連六晚「進宴演戲」，若非他愛聽戲曲，大臣們如何敢作如此的安排？

如果我們再仔細看看皇帝這趟南巡在其他江南地方看戲的情形，相信大家會同意康熙是個戲迷的說法了。例如同書中記：

（三月十七日）抵蘇州，至蘇州織造府內備造行宮駐蹕……織造李（煦）進御宴名戲等。

（十八日）進宴演戲，皇上親點太平樂全本，慶賀萬壽無疆。

（二十日）行宮內傳清客演串雜劇。

（二十五至二十七日、在松江）進宴演戲。

（四月初七日在杭州）奏樂演戲。

（十二日回蘇州）織造府李進宴演戲，至晚。

（十五日在蘇州）又織造進宴，命清客串演雜戲。
（十七日在蘇州）進宴演戲。
（二十二日至二十五日在江寧），進宴演戲。
（二十八日在金山寺）進宴演戲。

另外五月初八日這天，因爲天雨未做戲，「上止命女樂清唱，至二更安歇」。

李煦是康熙皇帝早年在京中寵信舊人，這年皇帝南巡，他任職蘇州織造，他了解皇帝的嗜好，因此日日演戲，後人編纂的《蘇州府志》裡都記載：「……（織造李煦）恭逢聖祖南巡四次，克己辦公。……公性奢華，好串戲，延名師，以教習梨園……衣裝費至數萬，以至虧空若干萬。……」李煦不但在蘇州招待皇帝看戲，並且還爲皇帝尋覓戲曲高手入京。江南的大學者焦循就說過：「聖祖南巡，江蘇織造臣以寒香、妙觀諸部承應行宮，甚見嘉獎，每部中各選二、三人供奉內廷。」李煦還在一份奏摺裡向皇帝報告說：「今尋得幾個女孩子，要教一班戲送進，以博皇上一笑。……想昆腔頗多，正要尋個弋腔好教習，學成送去，無奈何遍處求訪，總再沒有好的。今蒙皇恩特著葉國楨前來教導。……」可見當時京中與江南是互有戲曲人員往來的。

事實上皇帝不但喜歡看戲，而且對戲劇的內容還常作研究，甚至發明創新。康熙四十二年，他第四次南巡歸來，把退休住在杭州的舊臣高士奇也約了一同回京。後來高士奇得到殊恩被邀請去暢春園作客，皇帝親自接待，除賜宴宴飲之外，又請高士奇看戲聽曲。高士奇離京後在他的《蓬山密記》中留下當時的實情記事：皇帝命宮中樂隊先以笙簇、虎拍、琵琶、三弦四種樂器合奏《平沙落雁》，後再彈奏變調《月兒高》，樂聲宛轉悠揚，令人神往。音樂之後隨即表演戲劇。首先上演的是弋陽腔《一門五福》。這是皇帝根據漢人有吉慶事時常演之戲而精心安排的。後來又演出當時流行的崑曲《琵琶上壽》，據說劇中有打諢逗樂的內容，康熙怕高士奇不好意思，還特別向高士奇解釋說：「你年老之人，不妨觀看，莫有迴避。」接著又演出弋陽腔《羅卜行路》、《羅卜描母容》、《琵琶盤夫》以及崑曲《三溪》、《金印封贈》等劇目，並且向高士奇介紹了演員。皇帝還謙虛地說：「爾在外見得多，莫笑話。」高士奇受寵若驚之餘，只對戲曲連聲讚美，說些「眞如九天鸞鶴，聲調超群」。可見皇帝對於戲曲，不止欣賞，還能做些研發的工作。

皇帝對戲曲的研發，現在還有一些他的諭旨存在，可以證明的。例如有一次他命令魏珠傳旨說：

> 爾等之所司者，崑弋竹絲，各有職掌，豈可一日少閑。況食祿厚賜，家給人足，非掌天恩，無以可報。崑山腔當勉聲依詠，律和聲察，板眼明出，調分南北，宮商不相混亂，絲竹與曲

律相合，而爲一家，手足舉止轉睛，而成自然，可稱梨園之美何如也。又弋陽佳傳，其來久矣，自唐霓裳失傳之後，惟宋人元種世所共喜，漸至有明，有院本北調不下數十種，今皆廢棄不問，只剩弋陽腔而已。近來弋陽亦被外邊俗曲亂道，所存十中無一、二矣。獨大內因舊教習口傳心授，故未失眞，爾等益加溫習，朝夕講讀，細察平上去入，因字而得腔，因腔而得理。

另有一次他也降諭旨說了：

《西遊記》原有兩三本，甚是俗氣。近日海清，覓人收拾已有八本，皆係各舊本內套的曲子，也不甚好，爾都改去，共成十本，趕九月內全進呈。曹戲法若還未來，叫他去看七阿哥寫帖奏聞。再傳羅仙看看，寫帖奏來。

這些諭旨雖是片斷，而且年月不詳，不過對康熙關心戲曲、研發戲曲的心情似乎可以表露無遺了。

康熙晚年，更以欣賞戲曲爲娛樂的活動，而他對於音樂戲劇的興趣，對研究音韻與樂理以及研製樂器的熱心，正像他對其他的科學文化事物一樣，有創新精神，有獨到之處。

10

康熙重視皇子教育

康熙皇帝從小就接受儒家思想教育，讀四書五經，練中國書法，到他當上皇帝以及日後親政之時，深知要統治中國，就必得推行崇儒重道的政策，以籠絡人心，兼箝制人民思想。皇子是他的接班人，爲了清朝的存在，他的下一代也不能不深通學問，特別是儒家的學問。

胤礽在兩歲時被册封爲皇太子，四歲時，康熙便親自教他讀書，當時京城中傳爲佳話，有漢族的知識分子官員後來曾以羨慕的口吻說過：「聖祖（按：指康熙）在宮中親爲東宮（按：指胤礽）講授《四書》、《五經》，每日御門之前，必令將前一日所授書背誦覆講一過，務精熟貫通乃已。……士大夫家弗如也！」胤礽六歲時，皇帝就爲他找了張英、李光地等大學者爲老師，勤加教導，希望把胤礽培養成爲一代令主。

康熙的兒子很多，又散居各宮殿，而他自己又喜歡常在京外的暢春園居住，所以除了紫禁城中有皇子讀書的地方之外，他又在暢春園特闢了一間皇子讀書處，命名爲「無逸齋」，寓意皇子們讀書要勤奮努力，不能有一日暇逸。

當年皇子們讀書的情形，我們在一些清宮的珍貴檔案裡還可以看到梗概，現在先以康熙二十六年六月九日這一天實狀，簡要的記述如下：

清早皇太子就到無逸齋內讀書了，湯斌、耿介這些名師也趕來站在書房中，先聽胤礽朗誦《禮記》數節，經義一篇。由於康熙皇帝命令要皇太子能背熟這些經文，老師們也要求胤礽背誦，據說「背誦不遺一字」。

不久之後，康熙皇帝早朝的公務辦完了，他也來到無逸齋，查看皇子教育的情形，問湯斌等人皇太子背書是否很熟。湯斌回答：「甚爲純熟。」皇太子又在他父親面前再背誦一次，仍是「一字不遺」。皇帝後來又與老師們討論了一些《書經》、《中庸》等書的深奧義理後才離開。

康熙回宮後，胤礽便在無逸齋伏案作書、寫滿洲文字一章、漢文數百字，以作爲書法的練習。寫好之後也交給老師們觀看。

下午一時左右進膳，老師們也跟著吃午餐。飯後，皇太子再誦讀《禮記》一百二十遍，這是康熙皇帝規定的標準，因爲皇帝堅信「不如此則義理不能淹貫」。

然後胤礽走出書房，左右侍者爲他送上弓箭，他拉滿弓試射了三回，「中的者多」。射完箭後又回到無逸齋內，與老師湯斌、耿介等人再討論《大學》、《中庸》二書中的若干問題，皇太子竟能不加思索的對〈湯之盤銘〉、〈回之爲人〉、〈修身則道立〉幾個專章，「闡發奧旨」，並且是「言簡義盡，詞約理明」，了然心口的講述無誤。

當天的薄暮時分，師生們才各自回家。

同月初十日，史料裡記載皇太子的讀書情形與前一天的差不多，只是皇帝上下午各來無逸齋一次，尤其是下午三至五點鐘之間，皇長子胤禔、皇三子胤祉、皇四子胤禛、皇五子胤祺、皇七子胤祐、皇八子胤禩多人都在書房裡侍讀。皇帝向湯斌等老師以及一些皇帝同來的大臣們說：「朕宮中從無不讀書之子，今諸皇子雖非大有學問之人所教，然已俱能讀書。……外廷容有未曉然者，今特召諸皇子至前講誦，汝等試觀之。」皇帝說完便把桌子上的經書十多本，交給了湯斌，對他說：「汝可信手拈出，令諸皇子誦讀。」湯斌遵旨隨手翻開不同經書，胤祉、胤禛、胤祐、胤禩等人依次「各讀數篇，純熟舒徐，聲音朗朗」。後來皇帝又叫幾位皇子融貫大義的講解經書部分內容，並分別到書房外面射箭，大家都射中三、四箭不等，成績都不差。直到傍晚，君臣們結束這一天的書房生活。

由此可見：康熙皇帝對皇子的教育是很認眞的，因爲他相信「自古帝王莫不以豫教儲貳爲國家根本」！

11 康熙以漢俗爲子孫命名

滿洲人是阿爾泰語系的南支一族，他們對人的命名方法與漢族人不同，而且他們通常只用名字，不常用姓。例如清朝很多名人多爾袞、顧八代、鰲拜、明珠、索額圖、和珅等等，多、顧、鰲、明、索、和，都不是他們的姓，只是他們滿洲名字拼音成漢字第一個音節的用字。他們各家的姓氏分別爲愛新覺羅、伊爾根覺羅、瓜爾佳、那拉、赫舍里與鈕祜祿。由於早年滿洲文化水平不高，給人起名字的方式也不很講求，小孩出生時常以動植物（獅、鶴、韭菜、人蔘等）、用物地理（馬鞍、弓、山、海等）乃至於出生次序（老大、老么等）爲他們命名，幾乎不成制度，更不像漢族人家人名的具有深度意義。清太祖努爾哈齊的兒子有褚英、代善、莽古爾泰、皇太極、阿巴泰、多爾袞、多鐸等人，他們的名字原都是滿文，後來音譯成漢字，也看不出他們兄弟間有任何的親屬關連。清太宗皇太極的兒子們也是一樣，先有滿洲文人名，後來音譯成漢字成爲豪格、葉布舒、碩塞、福臨……等等，顯然也沒有受到漢人文化的影響。即使到了他們入主中原以後，皇家子弟仍是依滿洲舊俗命名，像順治帝福臨的兒子有牛鈕、福全、玄燁、常寧等等，甚至父子同用「福」而不講究避諱，可見他們還輕視漢人這方面的文化。康熙皇帝即位之後，在初期因爲他年紀很輕，而且他又極度尊敬祖母，很多事都是依照祖母意思而行的。康熙皇帝的頭三個皇子分別命名爲承瑞、承祜、承慶，已經採用漢人命名制度中的排行用字。可是他的第四子名賽音察渾，五子、六子分別爲保清、保成。出生次序第七、八的兒子又稱作長華、長生，九子則又名爲萬黼，可見到康熙十四年以前，也就是這九位皇子出生時，皇家的子孫命名制度已見有漢化的痕跡了，但還沒有系統化、制度化。

以上所舉的這九位皇子，其中七位又分別在康熙九年至十八年之間早夭死亡，所以到康熙二十年時，皇帝正式採用漢人的命名方式，給當時存活的以及未來降生的兒子們作了一個命名的規則，即名字的上一字用「胤」字，以表示輩分。名字的下一字用「示」字偏旁，以分別皇家子弟的親疏關係。因此日後康熙的眾多兒子就以胤禔、胤礽、胤祉、胤禛、胤祺、胤祚、胤祐、胤禩、胤禟、胤䄉、胤禌、胤祹、胤祥、胤禑、胤祿、胤禮……等爲人名了，這是清朝歷史上前所未有的人名大改革，也是皇家漢化的一大明證；而且這樣的命名制度，終清之世，沒有再改變過。

康熙做了六十一年的皇帝，先後生子三十五人，所以到他晚年，子孫曾孫同時存在一百多人。康熙皇帝因此不但給自己的兒子定下了輩分用字與名字的偏旁，也給他的孫子甚至曾孫一輩的預定了用字。乾隆皇帝曾說：「朕思朕與諸兄弟之名，皆皇祖仁皇帝所賜，載在玉牒。」《大清會典事例》裡又記載：「我朝皇子皇孫及近支宗室命名，自聖祖仁皇帝親見曾孫，以永字肇賜嘉名。」可見在康熙時代，皇帝已經把後來雍正、乾隆與嘉慶三朝的宗室子孫人名預定好了。雍正一輩的人名已如上述，乾隆一輩的排行用字是弘字，偏旁是日字，所以乾隆的名字叫弘曆，其他的兄弟有弘曉、弘瞻、弘時、弘晌等等。嘉慶一輩的排行用字是永字，偏旁則爲玉字，因此嘉慶君叫永琰，他的兄弟有永琮、永璘……等等。總之，清朝皇家人名在康熙時起了大變化，接受了漢人的命名制度。

康熙皇帝雖然爲清朝皇家命名奠定了新制度基礎，他的子孫其後繼續在這個基礎上沿襲使用，直到清朝覆亡。不過就在他的兒子雍正一朝卻發生了一段小插曲，那是改動了一些兄弟的輩份用字。事情是這樣的：雍正皇帝的名字胤禛，他即位以後，一些大臣拍馬屁，便讓宗人府的官員上了一個報告給皇帝說：「親王阿哥等名上一字，與御諱同，應請更定。」敬避御名是古禮，但皇帝兄弟排行用字是可以不必避諱的。雍正皇帝接到報告後認爲大家的名字都是聖祖康熙皇帝欽定的，「不忍更改」。禮部官員又出了主意，建議由雍正帝的母親再裁定，結果皇太后以爲雍正帝兄弟們名字的上一字「胤」字，可以改成「允」字，表示對皇帝的尊敬。其實這一切都是雍正帝自己導演的，他確實是位專制的君王，連兄弟們名字的輩行用字都不能與他相同，以示他的尊貴無比，沒有人能跟他相同的。他的兒子乾隆後來繼承爲君時，也有人上奏章請按雍正朝故事將「弘」字輩排行用字改寫。乾隆帝則降旨說：「朕與諸兄弟之名，皆皇祖仁皇帝所賜，載在玉牒。若因朕一人而令眾人改易，於心實有未安。」不同意改用其他字。比起他父親雍正來，顯然合情理多了。

12 書法家康熙

康熙皇帝對中國傳統書法，有著出奇的偏好，可以說他一生游情於翰墨之中。曾國藩曾經說過：這位皇帝「臨摹名家手卷，多至萬餘」，實在可以列名於專家之林。

康熙皇帝在中國書法上造詣，連當時的西洋人都對他讚譽有加的，著名的法國籍耶穌會士白晉（Joachim Bouvet），曾在清宮中供職多年，後來他寫了一份報告給法國國王路易十四，其中有：康熙皇帝「所有的愛好都是高尚的」、「他寫得一手漂亮的滿文與漢文」。可見康熙帝的擅長書法是當時中外人皆知的。

儘管有不少大臣爲了諂諛，說皇上的書法美好是天授的才能，是天賦的異稟之一；但是康熙皇帝卻說他在書法上的成就是由天性的喜愛與不斷的苦練而得來的。在他五十初度之後，曾向大臣們說：

朕自幼好臨池，每日寫千餘字，從無間斷，凡古名人之墨蹟、石刻，無不細心臨摹，積今三十餘年，實亦性之所好。

類似的話，皇帝也曾說過，如：

……宮中古法帖甚多，朕皆臨閱。……所有法帖，朕曾臨徧，大抵名人墨蹟，屢經匠工鏤刻，其原本精神漸皆失眞。……朕素性好此，久歷歲年，毫無間斷。

康熙皇帝一生酷愛書法，他在臨摹古人各家法帖中，心得很多，知道「用筆時輕重疏密、或疾或遲、斟酌俱各有體」，因此他可以被視爲一位傑出的書家皇帝。儘管他說「每日寫千餘字」，那可能只是年輕初學書法時的事，因爲在三藩動亂期間，在三征噶爾丹之時，顯然是沒有時間作書的，也沒有心情練字的。而到康熙四十七年之後，一方面因爲廢皇太子的家變，另一方面是他的健康有了問題，使得他幾乎無法作書了，所以他寫字最多以及賜御書最多的時間，應該是在康熙十六年前後以及四十年至四十一年之間的一段時期。我們從史料中看到他在康熙二十八年時說他自己「目力不能書寫細字」，三十一年時又對大臣們公開稱「朕不寫字作文亦久矣」。三十

江寧織造郎中臣曹寅謹
奏恭請
皇上萬安陸月初陸日得接
捷報江寧士庶軍民盡頌
聖主功高湯武德並軒轅
大兵未及百日蕩滅噶爾旦齊赴朝天宮建醮慶祝
聖安懸望
南巡瞻仰
天顏臣寅目擊萬姓歡呼犬馬不勝欣忭祇緣職守所羈料理水陸
二運緞疋告竣即星馳進京謹此預請
聖安

朕親統六師遠涉瀚海
北征噶爾旦皆賴
上天之眷祐旬有三日內將
厄魯特殺盡滅絕北方永
無烽火可以再不言
兵矣

康熙三十五年六月初八日曹寅奏賀聖祖蕩平噶爾丹事摺

二年患瘧疾多時，接下來又忙於征討噶爾丹，自己長途跋涉到塞外邊疆，三十七年以後，才比較得到空閒，書法作品顯見增多了。康熙四十七年以後，他又經歷了家庭與身體不順意的雙重打擊，經常有心跳不寐的現象，甚至有頭暈、手腳浮腫的痛苦，有時嚴重到右手不能寫字。晚年當九門提督隆科多向他求墨寶時，他說：「近幾年不太寫字了……雖不如前，好歹仍有原樣，為使爾知道，將朕之御書詩扇賜去了。」隆科多當時是他的寵臣，勉強為之，送了他一柄御書詩扇。這也是史料中僅見的有關康熙皇帝書法生涯史上最後記載了。

康熙皇帝的書法是不是很美？他能不能躋身於書法名家之林？這些事我個人不能置評。不過，作為一個歷史研究者，我倒有幾點感想，應該略作抒發，以為本文結尾。

第一，在專制時代，皇帝是位尊權重的，是富有四海的，他可以窮奢極侈，他可以荒淫無道。然而，康熙皇帝卻有酷愛書法的高雅嗜好，而且持之以恆的練習與研究，樂此不疲的以贈送書法交友與聯絡臣民，實在難能可貴。

第二，康熙皇帝與大臣們切磋書法或示範書法之時，儘管大臣們諂諛地說「皇上天縱之聖，書法盡善盡美，允為楷模」；但是皇帝總是謙稱：「雖好慕不衰，未窺其堂奧。」他向人展示書法或是賜人御書，也都表示「非謂書法已工也」。這種謙虛的美德，實在是不多見的。

第三，歷史上有不少工書畫、通音律、醉心翰墨的君主，常常也是好聲色、喜浮華、治平無方，甚至玩物喪志而使國家衰亡的人，如南唐李後主、北宋徽宗等等。然而康熙皇帝卻與他們不同，即使在初學之時，興趣極高，幾乎每日與臣工們論書道。他也不忘人君的本分，清代官書裡記載過這樣一件事：

上曰：至於聽政之暇，無間寒暑，惟有讀書寫字而已。上遂御書一行令觀。傅達禮奏曰：皇上書法端楷，盡善盡美。一日萬機，復孜孜於學，講習討論，惟日不足，眞可謂無逸作所矣。但人君之學與儒生不同，寫字無甚關係，恐勞聖體。上曰：人君之學，誠不在此，朕亦非專工書法，但暇時游情翰墨耳，爾言朕知之矣。

這是康熙十二年三月四日君臣間的一段對話，充分表現了皇帝知道國事的重要，書法只是他的暇時嗜好而已，而他的接受諫諍的謙虛心懷也出現在字裡行間了。二十年以後，他又在一個場合裡向大臣說：

或有謂寫字作文皆係虛文粉飾，雖極精工，亦無益於國計。朕不寫字作文亦久矣。

可見康熙皇帝是很理性的喜愛書法，把書法當作一種休閒活動，用以怡情養性的，最多他有以書法爲工具來籠絡臣工與士民的念頭，但這種功利性並不妨害他治國，相反地，對他的統治可能還是有裨益的。

13

康熙皇帝依字用人？

康熙皇帝因爲自己喜愛中國書法，他對朝廷中的大臣，特別是文官的書法當然就有些要求了。他親政之後不久，曾經命令過翰林院的官員們勤練書法，研習詩文，後來因爲三藩亂起，沒有能如願。康熙十六年吳三桂反清勢力衰減，皇帝又重提舊事，對經筵講官喇沙里等說：

治道在崇儒雅，前有旨，著翰林官將所作詩賦詞章及眞草書不時進呈。後因吳逆反叛，軍事倥偬，遂未進呈。今四方漸定，正宜修舉文教之時，翰林官有願將所作詩賦詞章及眞草書進呈者，著不時陸續送翰林院進呈。

翰林院的官員，特別是爲他講學的近侍官員，皇帝對他們在書法上的要求尤其嚴格。王鴻緒是皇帝的寵臣之一，「文章詩賦，頗爲優長」，然而皇帝在康熙二十四年時仍說「近日王鴻緒字殊不見佳」，顯然是說他不常練習了。康熙二十六年，翰林院題名沈上墉補日講起居注官時，皇帝也說：「講官職任緊要，必得老成宿學之人，始可勝任。朕觀此時講官，迥不如前。……即如寫字一事，沈荃在時，極喜書寫，從無厭倦。今雖間有能寫字者，若令其書寫，則深以爲苦矣。這講官員缺，爾等將可用之人問明翰林院具奏。」這也是表示了他對補缺人員的不滿意。康熙三十三年，皇帝也命大學士們在翰林官員內，「知有長於文章，學問超卓者具奏」，後來大學士向皇帝提報了一些人，其中「進士唐孫華，長於詩賦，文章亦佳」，但是經過皇帝親自考試之後，則對大學士們說：「觀唐孫華文學實優，但字不甚佳，著額外授爲禮部主事，令於翰林院行走。」翰林院官員若外轉作官，也有以書法爲考量標準的。有一次，皇帝與大學士們談到翰林院官調補外省道台的事，皇帝認爲吏部的辦法是有瞻徇情面之嫌的。他說：

今翰林官員內，或有不善書法者，或有不能撰講章者，或有不能點斷通鑑章句者，惟以飲酒、宴會、圍棋、馬吊爲戲，未有讀書立品，思副委用，以裨益國事爲心者。……此事著問吏部，翰林院堂官，此道缺調用之議是否相宜。

吏部與翰林院的官員後來回奏說：「翰林官以作字著書爲伊等專責，或有書法不工，章句不能點斷者，反以道缺相補，誠不相宜。……」從這段君臣議事的文字中，可見皇帝是重視書法的，不然如何會列爲第一要項？

康熙皇帝因爲重視書法，他常以臣工寫字好壞來決定他們的前途，有人因書法好而得到更高更好的官位，打進皇帝核心寵臣的圈子；有人則因寫字不工整而不得升遷，甚至連考試都不能通過，根本談不上做大官了。以下的幾個例子，可以一看：

康熙十六年十月二十六日，皇帝降諭大學士們說：

朕不時觀書寫字，近侍內並無博學善書者，以致講學不能應付。今欲於翰林內選擇博學善書者二員，常侍左右，講究文學。伊等各供其職，若今仍住城外，則不時召宣，難以即至。今著於城內撥給房屋，停其升轉，在內侍從幾年之後，酌量優用。再如高士奇等善書者，亦著擇一、二人，同伊等在內侍從，爾衙門滿漢大臣會議具奏。

大學士們會議之後，推薦了人選，最後皇帝作了決定，並給大學士勒德洪、明珠等人又降了一道諭旨：

著將侍講學士張英在內侍奉，張英著食正四品俸。其書寫之事一人已足，應止令高士奇在內供奉，高士奇著加內閣中書銜，食正六品俸。伊等居住房屋，著交內務府撥給。

張英與高士奇就因爲「善書」等條件好被選入南書房中辦公了，從此「備顧問、掌機要」，爲皇帝所倚重。張英後來升爲禮部尚書、翰林院掌院學士、文華殿大學士，可謂位極人臣。高士奇因非科舉出身，但也升官爲詹事府少詹事等職。後來被人彈劾休致回家，然而不久後又被召回京城，還在南書房中任職。信任之專，由此可見。

康熙二十四年三月，國子監助教員缺擬補用新人，大學士明珠等選出二人，一是工部的筆帖式陶三泰，另一是兵部筆帖式努山。明珠向皇帝報告說：「臣等遵旨看其書寫，陶三泰書寫精工，爲人亦優。努山係一樸實之人。」皇帝隨即作了決定：「陶三泰著補授助教。」可見皇帝是比較喜歡書法好的人。

相反地，有些人因書法不佳而就影響前程了，上述的唐孫華就是一例，還有比他情形更嚴重，連政治圈都打不進的也有。康熙三十年春天，在京城裡舉行殿試，有人就因爲字跡不好而落榜的，清宮檔案裡便記錄過這樣的事：

（皇帝在逐卷詳閱殿試選卷後）問大學士王熙曰：所作文章亦有甚不堪者否？王熙奏曰：文章無甚不堪，但有一卷，字跡潦草。上令取其卷，折名閱畢，曰：此五格字跡甚不堪，初學書寫，將伊停此一科，下次再試。

這位考生顯然因書法不好而被淘汰了。

你能說康熙用人沒有以書法為考量的標準嗎？

14 君臣翰墨因緣

康熙皇帝雖然日理萬機，但他仍抽空練習書法，尤其在年輕時更是勤奮。他和大臣們在書法方面的交往活動也很多，互相示範書法的事也常見記載。在康熙十六年四月初十日的宮庭檔冊就記述這樣的事：

> 傳（喇沙里、沈荃）入懋勤殿，命荃書「忠孝」二大字及「光明正大」四大字、行書一幅。上覽畢，復親書「忠孝」二大字。喇沙里等出，賜茶。又傳諭沈荃：爾在御前作書，未免拘束，可於私寓寫大小字數張進呈，朕將覽焉。

康熙皇帝又於同年五月二十日召侍讀牛鈕至懋勤殿，命他寫字。牛鈕寫了五言唐詩一首，「

上覽畢，親灑宸翰，草書唐詩絕句一首」。

另外在康熙二十六年四月十七日，皇帝在乾清宮內與大學士等多人談論書法，檔冊裡記當日的情形是：

上又顧明珠等曰：朕適書闕里碑文，爾等可試觀之。又命講官伊圖、陳元龍向前共觀。明珠奏曰：御書神妙，眞是卓越古今。上曰：邇來無暇作書，運筆殊覺勉強，不甚愜意。王熙奏曰：皇上書法精熟，光華煥發，筆意與趙子昂相彷彿，而神彩渾厚實遠過之。宋德宜奏曰：皇上究心字學，不但遠邁宋、元諸家，即晉、唐名人俱在陶鎔之內，所以諸體畢備，獨集大成。陳元龍奏曰：御書結構謹嚴，筆法超拔，神化之妙，難以名言。……上曰：宋大學士向有善書之名，可就此案作書，朕欲一觀其用筆耳。上降坐，立案前觀書。宋德宜書唐詩一首畢，上又曰：陳元龍作小楷頗佳，且甚敏捷，可就此案作大字一幅。陳元龍亦書唐詩一首。上覽畢，即親灑宸翰，書唐詩一首。王熙、宋德宜奏曰：仰睹宸章，眞如龍飛鳳舞，臣等得侍臨池，可勝欣幸。……

這段記事，雖有不少大臣的諛獻之詞，但皇帝能降坐觀書，確實也表現了他對書法家的尊重了。不但如此，康熙皇帝有時還謙虛的臨摹大臣的字，以「摹仿玩味」。康熙十六年五月二十四日的《起居注》裡就有這樣的記事：

詹事沈荃進呈奉旨草書《千字文》、《百家姓》。學士喇沙里率同啓奏，上覽畢，將御書漢字二幅賜荃，令喇沙里傳諭曰：朕素好翰墨，以爾善於書法，故時令書寫各體，備朕摹仿玩味。今將朕所書之字賜汝，非以為佳，但以摹仿爾字，故賜爾觀之，果相似否？

由此可見：康熙皇帝對自己的書藝絕無「天下第一人」的狂妄成就感。相反的他還時常稱讚書法好的大臣。他曾說：「翰林內書法優長者皆有一種翰林氣習，惟孫岳頒書法最佳，草書實是過人。」至於沈荃，皇帝也說他「書法遒勁，想專心學習有年故耳」。還有一位名叫梅玉峰的官員，此人可以仿寫康熙皇帝的字，幾乎到了亂眞的地步，康熙帝也很賞識他，曾經說：「梅玉峰見朕之字甚多，所以寫字到了如此之好！」

由於皇帝酷愛書法，他也就非常憐惜與書法有關的人才了。滿洲鑲黃旗屬下人喇沙里（一作拉薩禮），「以文翰通籍，累官至翰林院侍講學士」，後來升官到掌院學士兼禮部侍郎。他在任職經筵講官期間，曾為皇帝尋得了王羲之的《快雪時晴帖》眞蹟，令皇帝極為高興。他又常帶一些書法家大臣如沈荃等人到懋勤殿與皇帝一同談論書法與書家，並偶爾互相作書寫示範。康熙十八年十一月，喇沙里病逝，皇帝聞訊後非常難過，除特派內班侍衛攜銀三百兩去喪家慰問之外，又命令大學士等「將好謚與他」。第二年又「加贈喇沙里禮部尚書，賜祭葬，謚文敏」，充分表現了皇帝對通文翰大臣的敬重。

康熙二十九年四月二十五日，皇帝早晨在乾清門聽政時，吏部尚書鄂爾多因爲太常寺少卿高層雲病逝，向皇帝建議以通政司參議錢三錫補缺，皇帝聽到報告之後，立即向起居注官員問道：「高層雲書法甚工，所患何病，爾等聞之否？」庫勒納和王頊齡便向皇帝奏報：「高層雲患痰火，六日而已。」大臣死亡，遺缺補人是經常有的事，很少見到皇帝會關心地問到官員的死因的，高層雲的被皇帝關切，當然是與他「書法甚工」有關。

康熙皇帝對善書大臣憐愛關懷的最佳例證可以在沈荃身上看出。沈荃是漢人，出生於江蘇華亭（今上海市），他在順治年間考取探花，康熙二十一年十一月充任日講記注官，當時皇帝正熱衷字學，幾乎每天都在練字。皇帝曾命沈荃在御前寫大小字，沈荃的字他很喜歡，被「稱善、俱留中」的很多。事實上，皇帝是在沈荃指導下練習董其昌的書法的。沈荃常和皇帝在一起討論書法，康熙十六年六月十七日這一天的宮中檔案記事就值得一讀：這一天下午，皇帝召他到懋勤殿，給他看了很多宮中珍藏的晉、唐、宋、元名家的手蹟以及淳化、蘭亭諸帖。後來君臣二人又各寫一些行書、大字，皇帝並把親書的「存誠」、「忠恕」和早先寫好的「龍飛」、「鳳舞」大軸賜給了沈荃。在沈荃離開時，皇帝又送了他六本法帖。沈荃死後，皇帝不止一次的提到他，稱讚

沈荃書法

沈荃的書法美好，並說：「沈荃在時，極喜書寫，從無厭倦。」沈荃也因爲「効力皇上之處甚多」，死後得到了一個謚號。

康熙三十八年春天，皇帝南巡江蘇，遇到沈荃的兒子沈宗敬，皇帝追念故人，在贈送御書給其他官員時，也特別寫了一幅「落紙雲煙」給沈宗敬，以表思念。甚至到沈荃謝世後近三十年，皇帝還念念不忘他，《清稗類鈔》一書中記述了這件事：

> 康熙癸巳（按爲五十二年）方望溪侍郎苞，供奉南書房。一日，聖祖（按指康熙帝）召編修沈宗敬至，命作大小行楷，日晡，內侍至，傳諭李文貞公光地曰：朕初學書，宗敬之父荃直侍，每下筆，即指其病，兼析其由，至于今，每作書，未嘗不思荃之勤也。

康熙皇帝對善書大臣的情義，眞可謂深長醇厚，而這些君臣翰墨因緣，也眞令後人羨慕無限。

15 醫生天子——康熙皇帝

一般說來，康熙皇帝算是一位健康良好的人；不過在他五十五歲前後，由於廢儲等等不愉快的事情發生，他有連病幾個月的紀錄，甚至經年時好時壞的「諸病時作」。他與醫藥之事接觸多了，累積了不少的知識與經驗，眞是如俗語所說「久病成良醫」了。同時，在康熙三十二年，他四十歲的時候，患了一場瘧疾，因吃了西藥奎寧丸康復，因而對西醫、西藥發生了興趣，並增強了信心。當時又有一批西洋傳教士在宮中爲他講解西醫學理，爲他治過內、外科疾病，爲他製造過西藥，所以他得了很多西洋醫藥的專業知識。加上康熙喜歡博覽群書，又富有研究精神，因而日子久了，他的醫學造詣變得很高了，而且是學貫中西。

我們知道：康熙從小就喜愛讀書，除勤讀儒家經典外，又涉獵到不少中醫的專書。由於他認眞的研讀，當然就有不少寶貴的心得。他自己曾經說過他能知道某些醫書是「後世託古人之名而作」的，他能這樣肯定的評論，顯見他對醫書的了解是既多又深刻的。

對於人體生病，康熙認爲這是任何人所免不了的，所謂「陽奇陰偶，凡物好者少，惡者多」。一個人如果不想生病，平常最好「攝養惟飲食有節，起居有常，如是而已」。另外他認爲「養身者但寬其心」也是很重要的。至於對病人用藥，他也有特別的見解，認爲「藥性宜於心者不宜於脾，宜於肺者不宜於腎」，所以他反對亂用補藥，尤其是家傳的妙方。他很贊成古代良師的做法，應該先洞悉患者的病因，然後對症下藥，而不是像「近世之人，多有自稱家傳妙方可治某病，病家草率，遂求而服之，往往藥不對症，以致誤事不小」。他對當時的中醫批評很多，甚至有御醫也被他指爲「醫學粗淺」，「往往不能救人」的，還有御醫因用藥不愼，被他下令「永不許行醫」的，另外有些醫生，康熙皇帝懷疑到他們的醫德，說他們「所學既淺，而專圖利，立心不善，何以醫人？」尤有甚者，康熙皇帝對一切醫家著作都有了懷疑，有一次他對大學士們說：

朕觀醫書，與儒書不同，儒者之書，皆言五倫之理，作文者據以發揮，雖文之優劣各由乎人，然其理總不出於五倫之外。若醫書開一方於前，又列數方於後，果此一方盡善，則彼數方者又何用乎？以此揆之，彼著醫書之人，已自不能無疑也。……

皇帝對中醫有如此的壞印象，或者說是成見，可能是與他接觸了西醫、西藥有關。康熙三十二年，他在瘧疾治愈之後，體驗到了西藥的效能，對西醫、西藥產生了興趣。

據當時的西洋傳教士說，康熙皇帝在向傳教士們學習天文、數學的同時，他又不時的垂詢有關西洋醫學的知識。張誠就在日記裡寫過：「皇上還傳旨向我們問到某些有關醫藥的問題，他問到燒傷藥，以便他能夠知道這些藥在歐洲是怎樣使用的，用在身體的那一部分，以及防治什麼病症等等。……」他也曾對溫泉治皮膚病的事垂詢過西洋人，了解西醫對此的看法。康熙三十七年，他更深入的研究人體生理構造，命令西洋人把西文《人體解剖學》譯成滿文本，並且指示傳教士：

身體上雖任何微小部分，必須詳加翻譯，不可有缺。朕所以不憚麻煩，命卿等詳譯此書者，緣此書一出，必大有造福于社會，人之生命，或可挽救不少。

皇帝對西醫評價之高，由此可見一斑。

不過，皇帝也並非一味的妄信西醫，他對中國傳統的中醫仍是重視的，他自己不但常以中國舊有醫術治病，服用中國藥物，同時他也經常爲臣僚們以中國醫理處方，賞賜臣僚中國的藥材爲他們醫病。這些例子在康熙朝的檔案史書是屢見不鮮的。

綜觀康熙皇帝一生，由於他自己生病，體驗到了不少醫學與藥物的知識，加上西洋傳教士又爲他講解西醫的科學，爲他介紹西藥的效能，並分析人體的生理構造，使這位好學的帝王成爲中西兼通的醫學專家了。更難得的是他不斷有心的鑽研，細心的試驗，熱心的爲臣工們治病，從而積累並增進了豐富的醫學知識與經驗，造就了他醫生天子的地位。康熙皇帝日理萬機，而在醫學上竟有如此的造詣與表現，在中國歷代的君主當中，他確實是少見的一位，也可能是僅有的一位。

16 康熙談補藥

中國人一向重視補品、補藥，病時固然要補，平時也應該進補。西醫也強調營養對人體的重要。康熙既然在醫學方面學貫中西，並且常常爲人處方治病，他對補品、補藥的看法究竟是如何呢？

令人奇怪的事是康熙皇帝爲人治病時，包括他自己在內，反對用補藥，尤其是服用人參，他認爲補藥沒有好處，甚至有害。在現在的官書檔案中，我們隨時可以看到他發表過的有關言論。例如康熙三十九年二月十一日他問起居注官揆敍氣色何以不好，揆敍答以「近日偶染微疴，飲食不甚消化」。皇帝說：「爾年幼不可漫服補藥，服補藥之人，斷無受益耳。」四十五年九月十七日他又在一件奏章批寫道：「此人（按指八貝勒）有生以來好信巫醫，積毒太甚。……倘毒氣不靜，再用補藥，似難調治。」這是對他自己的皇八子因風熱發疹病而發的抱怨話。康熙四十六年夏間，武英殿總監造赫世亨下痢嚴重時，皇帝也降旨命令他「勿得飲用一切補藥、人參等物」。同年他又對大學士們說：

> 朕嘗諭人勿服補藥，好服補藥者，猶人之喜逢迎者也。天下豈有喜逢迎者而能受益者乎？

康熙五十年，大學士李光地手腳浮腫，皇帝曾說：「李光地病尚未平復，大抵皆濕熱所成，服溫補之藥所致。」五十二年學士舒蘭患眼疾，康熙皇帝又說：「服補藥無益。」「服補藥如聞譽言，總無利益。」還有尚書圖納在頭頂上生了瘡，皇帝為他處方時也說：「此人素喜用附子、肉桂、人參等補藥。……朕曾降旨切責之，日後豈不生此瘡耶？」「凡人之性喜補劑，不知補中有損，可笑……。」據上可知，這位皇帝數十年如一日的不喜補藥。

至於皇帝為什麼反對補藥，可能與他親身遭遇有關，以下兩則事例也許可以用作參考：一是在康熙三十二年，當他患瘧疾之時，因服用人參等藥使病情加重，清代官書中記了這件事：

> 三司法題：太醫孫斯百等誤用人参，以致皇上煩燥甚病。……今孫斯百等罪甚重大，……應將孫斯百、孫徽百等俱擬斬。上曰：「孫斯百等診朕病，強用人参致朕煩燥甚病。後朕決意

不用人參，病遂得差。……著從寬免死，孫斯百等各責二十板，永不許行醫。」

另一事例是在他廢皇太子之後，心身交瘁而大病了一場。後來他說：「朕前歲大病之後，乃知溫補之藥，大非常人所宜。且溫補非一法，爲補肝者，即不利脾，治心者，即不宜於腎。醫必深明乎此，然後可服其藥，不然徒增其疾耳。每見村野農人，終身未嘗服藥，然皆老而強健。富貴人動輒服溫補之藥，究竟爲藥所悞而且不自知。」

從以上種種記述，大體可以了解康熙皇帝對補藥有幾種看法：㈠「年幼不可漫服補藥」。㈡有些病不可服補藥，如瘧疾、眼病、生瘡、浮腫等等。㈢補藥也有壞處，即「補中有損」，「如補肝者，即不利於脾，治心者，即不宜於腎」。總之，補藥應該愼用，而不是一切病都需要進補。基於這些信念，康熙皇帝對於年老體衰的人，還是主張要服補藥的。他的祖母孝莊太皇太后身體違和時，他同意應「進滋補之劑」。曾任勇略將軍的趙良棟後來年老生病，皇帝特賜「人參以調攝」。皇帝也賜過人參給年高的宋犖與魏象樞等官員。還有兩廣總督楊琳、閩浙總督滿保、直隸總督趙弘燮、天津總兵馬見伯等人都得到過皇帝特賞的人參，而著名的清官陳璸，到晚年病老時，皇帝更爲憐才而賞賜給他宮中的好參，而且數量也很多。到康熙皇帝晚年，他又有了一種看法，即「南人最好服藥、服參，北人於參不合」。他自己仍是「不輕用藥，恐與病不投，無益有損」。

17 康熙有治病妙方——坐湯、食補與偏方

由於康熙皇帝通曉中西醫學，又勤於收集有關資料，不斷從事研究工作，所以他在爲人醫病時，除了正常的以中西藥物給病人服用之外，他自己又相信有些病是需要由另一些途徑治療的，如用坐湯，即洗溫泉；食補，即多吃營養食物；或用偏方等特殊療法以達到治愈目的的。皇帝對這些特殊療法很有信心，常常施用在患病大臣身上。現在且舉一些例證如後：

康熙皇帝爲大臣治病，他有特別的療法，例如：第一是他相信「坐湯」能治很多病的，坐湯就是洗溫泉浴。當康熙的祖母在世時，他常陪祖母去各地溫泉小住，爲祖母治病。不少大臣也聽從他的話去坐湯。李光地就是其中最見效的一位。康熙五十年三月，年已七十歲的李光地身患毒瘡，最初只是「坐起甚艱」，三、四個月後，餘毒大發，以致「兩手硬腫，且濃血多至數升，癢

燥經夜不寐」，到該年九月，竟然嚴重到「不能勝任衣冠，不能動移數步」的地步，皇帝叫他去坐湯治療，兼用海水泡洗，結果收到很好的療效，李光地的「瘡毒已淨，惡疾漸除」了。

第二是以食補治病。康熙皇帝認爲病人在大病初癒或是病中需要加添飲食，以增進健康，如上述李光地在瘡毒病好之後，皇帝在暢春園裡接見了他，並且還「親觀病患所在」，後又下令叫奏事處「賚御賜臣鹿尾五條，大鹿一只，野雞十只，海水三罈」，命李光地「勉進飲食，勿妄禁忌」。另外任職武英殿總督監造的赫世亨在康熙四十六年夏天生病，發冷發燒，不思飲食，後來證實是痢疾，經診治後病況轉好，「六脈稍和，下痢便數大減，惟年老氣虛，胃不思食」，皇帝在他下痢停止「語音亦高些，夜亦得睡」之後，派人送給他「狍肉一大塊，黃雉二只」，並降旨說：「爾病如此，豈有不慈憐、視而不見之理耶?病人食此狍肉後痊癒者甚多，是亦朕之所見。朕非大夫，爾可食之看，黃雉亦用之看看。」赫世亨吃了皇帝賞賜的食物之後，果然身體好了起來，「已能坐臥，且氣亦稍強」，皇帝聞之「甚喜」，隨又差人送去鯽魚十尾，叫他「少少食用，不得多食」，尤其不可因「心情喜悅，食之太過」。赫世亨病癒能下床行走之後，皇帝還命他「心勿煩悶，好生調養，必速康復」。當然康熙皇帝的食補處方也是要看病家情形的，如李光地只是皮膚病，赫世亨是在痢疾之後，施以食補，而不是一般的重病的人都命令他們食補。因爲康熙皇帝是主張「飲食有節，起居有常」的人，他並不認爲「食之太過」是好事。

第三是皇帝常用偏方給人治病。康熙四十五年，正紅旗參領莫爾洪患病，從醫生診斷書上可以看出他是下痢出血，不過又有發燒乾燥、腰腹墜痛、小水結澀不通等症狀。太醫院的大夫爲他施藥無效，皇帝罵太醫們都是醫學粗淺，就說：「朕亦患此種病，雖經大夫調治不見效。蒙古大夫給食兔腦漿，復用幾種藥，今病見大好。今因詳書藥方用法，……試用試治可也。」可惜檔册裡沒有看到這一偏方的詳情及用法，此處也無法作介紹了。

又有御前台吉羅卜藏古木布，有一年「下身致命疼痛，並有泡疹」，理藩院向皇帝報告，希望能求得一醫生爲他治病。康熙皇帝看了奏報之後，隨手批了：「此病朕得過二、三十餘次，治法甚多，而有效者少；惟略難受耳，並無何妨，晚上用醋熏之看看。」

還有一種比較神異的偏方，我們也看到康熙皇帝使用過，那是吉林將軍孟俄洛在康熙五十三年底咳嗽咯血，皇帝派人去賞賜他一串「止血石素珠」，並且特別交代：「倘咳黑血，勿卦頭上，咳出可也。倘咳紅血，卦之，即可痊癒。……」

皇帝相信偏方，也常向大臣們打聽偏方，所以在康熙朝的檔案文獻中可以看到另外的一些偏方資料。如理藩院官員爲皇帝從西北邊疆回教同胞處獲得中暑偏方是：

將綠葡萄搗碎取汁，兑熱水一同服下，飲畢，令坐於水中爲好。

從蒙古同胞的大夫處得到的治頭痛偏方爲：

其治法爲小茴香製成粉，袋入小口袋內，不可過熱，以溫爲宜，試敷於（頭骨後）兩風池穴，若覺有效，即感舒服，見效每晚敷二、三次治之。以其小小熱氣，頭內雲氣消散，似可痊癒。……

或者用其他材料，方法也是差不多的，如：

於浮陽兩脈風池穴上，以鹽熇治，亦可用麥粉熇治，鹽見效快，麥略緩，兩種皆可用。

此外，在康熙皇帝患瘧疾時，也有大臣從陝西等地專送偏方三種到京城的，據說：「詢問每人，均稱已試驗治癒。」皇帝給「方子等留下了」，後來還是吃了西洋人的奎寧丸治好的。大體說來，康熙皇帝雖信偏方，但他只相信試驗過而有效的偏方，並不是一切偏方都妄信無疑，例如他從來就不信道士們的符咒與仙丹，他常常以所學的西洋知識應用到實際的試驗上，他曾在京城城牆上立小旗占風；他派人去實地勘查大河的源頭；他留心天文，細測日晷；他也試種水稻而生產了優良品種的「御種稻」。對於醫學，他也是重視試驗並追根究底的。康熙二十年蘇州發生歹徒用藥塗人面孔而使人迷糊被拐賣的事。刑部官員只注意歹徒應判何罪的問題上，皇帝則關心「其所用何藥？何以能迷人？」要各級官員「將此處寫明……一一察明具奏」。顯然他對迷藥的成分想有所了解。

他也曾在一次打獵後命人將一隻冬眠的熊作解剖的試驗，證實「熊能引氣，故冬蟄不食」的話是不是眞實，結果熊的腸胃中眞是「淨潔無物」。皇帝對此甚爲滿意，因爲古語被他以實驗證明了，同時他也在學習西洋解剖學之後作了一次親身的實習。

到康熙末年，皇帝對這一類的知識追求仍是興趣不減，他下令欽天監的官員叫他們密查衙門裡一位百歲老人臨終時的情形，看看「此人爲何亡故，臨終時是否與常人稍有不同之處？」「爾等將此事甚密打聽明白，一一詳書寄與我等」。可見他是一位求知慾強而且富於研究精神的人。

總之，康熙皇帝雖然用一些特別的方式爲人治病；但是都是經過他辛苦收集或實驗來的，而且也確曾是有效的，不是一些盲信的藥物與偏方。

18

談康熙皇帝讀書

康熙皇帝常對人說，他八歲登基的時候就知道「黽勉學問」了，當時由兩位略通儒學的太監教他經書。他從小對讀書有濃厚的興趣，據說他「早夜誦讀，無間寒暑，至忘寢食」。他的祖母對他如此勤奮好學，曾經打趣地說過：「貴爲天子，豈欲應主司試而勤苦乃爾！」認爲他大可不必像考生趕考似的如此苦讀，皇帝也不以爲意，仍舊繼續讀書。

康熙十年夏初，經筵日講正式授課之後，皇帝在飽學之士的協助下，學問有了突飛猛進的成績。在日後的十年之間，他確實讀了不少書，而且有深度的從事研究。舉凡《論語》、《大學》、《孟子》、《中庸》、《書經》、《詩經》、《資治通鑑》、《易經》等書，幾乎全部讀遍。他常對大臣說：「朕在宮中，手不釋卷。」或是「暇間惟讀書寫字而已」一類的話。他認爲一個人「一刻不親書册，此心未免旁騖」。他不但博覽載籍，盡讀儒家經典，「即道書、佛經，無不記識」。其他醫書、農書也是他愛讀的，可以說他是一位無書不讀的人，而且讀完書還能講出心得的。有一次，他對侍從的文學大臣們談到他的讀書歷程，他說：

朕自五齡即知讀書。八齡踐祚，輒以學庸訓詁，詢之左右，求得大意而後愉快。日所讀者，必使字字成誦，從來不肯自欺。及四子之書既已通貫，乃讀尚書，於典謨訓誥之中，體會古帝王孜孜求治之意，期見之施行。及讀大易，觀象占玩，實覺義理悅心，故樂此不疲耳。

可見他讀書是有方法、有系統，也是有目的的；不過他不像一般大人物那樣附庸風雅或是徒具名目的讀書，他是在讀書中發現了樂趣與實用價值而不斷讀書求知的。對於儒家各書在讀後接受的情形，他坦白地說過：「朕資性不敏，獨於易旨雖極研究，終未洞徹耳。至若史、漢以及諸子百家、內典、道書，莫不涉獵，觸事猶能記憶。」

另外，也是眾所周知的，康熙皇帝對西洋學問也極感興趣，他請歐洲傳教士到宮中教他西方的天文、地理、數學、理化、醫學、語文、音樂等等的學科，他也是很用功學習的，並且有很好的成績，使他成爲當時學貫中西的學者。

康熙皇帝讀書治學的態度，我以爲最值得稱道，也值得人學習。例如他在經筵日講開始的時候，每兩天由講官向他講一次書，他後來覺得他「聽政之暇，即於宮中披閱典籍，殊覺義理無窮」，因而對「隔日進講，朕心猶為未足」，於是命令大臣們「日侍講讀，闡發書旨，為學之功，庶可無間」。經筵也就每天舉行了。

皇帝確信「學問之道，必無間斷，方有裨益」，所以他主張「寒暑不必輟講」。三藩戰爭發生時也不能停講，儘管軍事重要，也得「不妨乘間進講，於是無所廢悞」。至於皇帝生日，講堂修繕，宮中喜慶，甚至皇帝小病的時候，都令侍講官們「仍來進講」，「不必間輟」。

經筵日講一般進行的方式是講官們事先擬好講章，然後進講。康熙皇帝在後來認為這種單向式的教學應該改進。他說：「讀書務求實學，若不詢問、覆講，則進益與否，何由得知？」因而經筵講學的方式後來有時由皇帝「先親講一次，然後（由講官）進講」，甚至有時候他還對日講官們說：「朕於四書究心已久，汝可試舉一章，侍朕講解。」康熙十六年六月初五日，在皇帝的催迫下，侍講學士喇沙里只好遵旨舉出「子曰舜其大知也與」一章請皇帝講述，據說當天皇帝的「講論精微，義理融過」，十分精采。

康熙皇帝常批評明朝皇帝在經筵時「默無一言」，只聽大臣解說，他認為這只是在對付時刻，因此他主張講官們進講時，聽講的皇帝也應該主動地提出問題討論。在清宮的檔案中有關的記事不少，現在且舉兩則，以為說明：

康熙十六年四月初六日，「辰時，上御弘德殿，講官喇沙里、陳廷敬、葉方藹進講。……講畢伊尹以割烹要湯。講章內有伊尹之在有莘，諸葛亮之在隆中，惟其處而無求，所以出而能任等語。……上問曰：諸葛亮可比伊尹否？廷敬對曰：此一章書是論人臣出處之正。三代以下，亮之出處最正，所以比之伊尹。上曰：伊尹聖之任者也，以其君爲堯舜之君，亮能之否？廷敬對曰：先儒謂亮有王佐之才，亮雖不及伊尹，然其學術亦自正大，後世如此等人才，誠不易得，但其所遇之時勢不同，所以成就不及伊尹。上曰：然。」

康熙二十二年十月二十日，日講之後，皇帝問講官道：「宋學之名，始於宋人否？張玉書奏曰：天下道理，具在人心，無事不有，宋儒講辨更加詳密耳。上曰：日用常行無非此理。自有理學名色，彼此爭論益多。牛鈕奏曰：隨事體認，義理無窮盡，不必立理學之名。上又曰：湯斌云何？斌奏曰：理學者本乎天理，合乎天心，堯、舜、孔、孟以來總是此理，原不分時代。宋儒講理，視漢、唐諸儒較細，故有理學之名，其實理學在躬行，近人辯論太繁耳。上曰：朕見言行不相符者甚多，終身講理學，而所行之事與其悖謬，豈可謂之理學？若口雖不講，而行事皆與道理符合，此即眞理學也。」

此外，康熙讀書重視實驗的態度也是令人佩服的。他在北京城頭占風、派人探測黃河源頭、解剖大熊了解胃中食物等等，都像似專家在做學術研究一樣，可見他的讀書不是表演，不是徒具虛名，而是對書中義理眞正地有了興趣，想作深一層的探討，也正因爲如此，他後來成爲一個學術造詣很深的君主，不像明朝皇帝那樣的「不諳文義」。

19 康熙的著書與修書

康熙皇帝一生與書結下了不解之緣，除了他愛讀書之外，他的著述也不少，而他修纂的書更多，其中並有不少是中華文化寶庫中的重要財富。

康熙在三十歲時，大臣們曾上奏請把他歷年「睿思所及，發揮理道」的若干文章，刊刻頒布，皇帝雖覺得自己的著作不能與以往帝王的媲美，還是「勉從」大臣們的建議刊行了，這是康熙著作的初刊本。康熙五十年之後，他對修書的興趣大增，也爲自己多年來的詩文作了整理與出版的工作，日後命名爲《清聖祖御製文集》中的大部分是他在世時親自主持，由大學士張英與詹事府詹事高士奇等人協助他完成的。這部文集共爲四集，一百七十六卷，其中前三集一百四十卷是在康熙五十一年至六十一年間陸續出版的，第四集三十六卷則是在他謝世後由繼承他爲君的雍正皇帝籌劃刊行問世。康熙的這部文集具有重要的史料價值，尤其是集中收錄的千餘首七言與五言詩，題材廣泛，都是皇帝歷年親身經歷重大政治活動時，體現出他思想的眞實紀錄，足以補正史之不足，這是文學內涵之外的另一項成就。

由於康熙皇帝喜愛讀書，有心研究，當他出師行獵或巡視各地時，他經常注意到各地的方言習俗、山川物產、動物蟲魚、藥材草木等等的異同關係，他不但留心考察，有時還深入探究。晚年他把這些心得寫成了文字，分爲上下兩册的《康熙機暇格物編》，書中記述的事物很多，例如他分析了中國農作物生長與南方北方土性及氣候的關係，蝗蟲滋生的規律、水利與農業的興衰以及各地農作物品水稻、小麥、西瓜、葡萄等等生產情形。又因爲他學過西洋的科學知識，他對自然界的若干現象也有所論述，例如他注意到黑龍江西部察哈延山「噴焰吐火，氣息如煤」的奇特情況，談到土壤物質的問題。他從瀚海的螺蚌甲田，推知遠古的蒙古大沙漠曾是澤國。這些康熙皇帝的知識結晶作品，直到清末光緒年間才付梓傳世。

除了以上兩書之外，康熙皇帝還有一本著作也是值得一提的，那就是《庭訓格言》。康熙四十七年初廢皇太子之後，他大病了兩個多月，其後身體一直不太好，心情尤其傷感，因而使他有了寫作這本《格言》的動機，他當時因體力不支，只好口述由身邊的皇子或親信侍衛筆錄下來，到雍正繼承之後才正式整理定名出版。這本《格言》是以康熙一生體驗各事經驗爲主，用回憶的方式，告訴後人一些有益的做人處事道理。全書一共記錄了二百四十六個小事件，講些修身、齊家、治國、平天下的至理，相信這是他在廢儲之後、諸子爭繼時有感而發的。由於這書中的文字內容，幾乎都是《清實錄》與《聖訓》裡不見的，因而價値就更顯得重大了。

康熙五十年，一方面因爲年近花甲，體力漸衰；一方面廢儲之事使他心情煩亂。他一度想到治國數十年中守成、創業的成就，應該作些總結，留下文字的千秋事業，因而他把心力轉移到編書、修書等工作上了。當時他在大臣的奏疏上就批寫過：「每日修書不肯閑住，此朕最樂之事。」除了皇帝對書有興趣，與書結了緣的原因之外，當時的政事背景也與他修書有關的。

在現存的檔案資料中，他在五十年代初期確實是每日以修書爲樂事，即以武英殿管事大臣寫給他的報告，我們就可以看出他當時幾乎是凡刻書、印書、翻譯書、裝訂書，樣樣都管，而這三數年間，武英殿經辦的出版書籍至少就有《性理大全》、《御選唐詩》、《河圖洛書註釋》、《性理奧》、《新經說》、《避暑山莊詩》、《歷代詩集年表》、《朱子全書》、《兩漢文鑑》、《幾何原本》、《詩韻》、《周易本義》、《周易折中》以及西洋人翻譯的《周易》、《數表根源》等等數十種。

其實康熙皇帝還編纂了一些傳世之書，例如《古今圖書集成》、《子史精華》、《全唐詩》、《佩文韻府》、《駢字類編》、《廣羣芳譜》、《律曆淵源》、《清文鑑》、《康熙字典》等等。《古今圖書集成》是他命令皇三子胤祉與陳夢雷、蔣廷錫等人主編的，全書一萬卷，是僅次於《永樂大典》的一部類書，分爲曆象、方輿、明倫、博物、理學、經濟六編，內容極廣，材料豐富，分類詳細，頗有參考利用的價值。《子史精華》六十卷，分三十類，採錄子史書中名言雋句，「大書以標其精要，分註以詳其首尾」，頗爲便利作家引用。《佩文韻府》則分韻隸事，以二字、三字、四字相從，依末一字分韻，分隸於韻目之下，而又各以經史子集爲次，很便利查檢。《廣羣芳譜》是花卉植物種植的專書；《律曆淵源》則專論天文曆法諸事。《康熙字典》修成於康熙五十五年，書中收錄了歷代字書的優長，其特點爲收字最多、辨形、釋義、注音、引例等方面比以前字書完備，另外在編排使用的方法也井然有序，查閱非常便捷。《清文鑑》是滿文字典，此書的出版不但規範了官方通行滿語的內容，也提供了日後應用與研究滿文滿語的正確依據。《全唐詩》是集唐代近兩千詩人的四萬多首詩篇而匯於一書的鉅著，以楷書寫刻，風格別具，而書寫之精，直可與《靈飛經》媲美，也是一部絕非私人能力所能做好的文化大工程。

康熙皇帝修書，並不是只掛名而出些風頭，他常是實心負責任事的。有些書他提出編纂主旨，向負責工作的列出要求。當《康熙字典》與《周易折中》纂修時，他指出不能「據一家之見，守一家之說」，而應該博採眾家之長，或是說應「折中而取」，務求至當，不能偏主一家。對參與《書經傳說匯纂》與《詩經傳說匯纂》編訂的人他也說要有持平的態度，甚至應將一些不用的舊說也附錄在書中，讓後人可以了解古義。進行修纂《朱子全書》時，他囑咐大家：「此書不可比於別書，蓋其性、理、禮匯於一體也。」著手《古今圖書集成》編纂時，他則指出以往類書「或詳於政典，未及蟲魚草木之微；或但資詞藻，未及天德王道之大」。他希望這部新書「必大小一貫，上下古今，類列部分，有綱有紀，勒成一書，庶足大光聖朝文治」。康熙對修書的態度也是嚴謹的，他對博津所譯的《易經》批評是：「只是自以爲是，零星援引群書而已，竟無鴻儒早定之大義。」甚至指出書中援引賈誼「該文章句，出自何典故、何書，即彼未必知之」，他覺得這些缺失要改正。又如他對《兩漢文鑑》一書文稿中「稱係明朝劉洪義合刊之明朝版」，他問道：「劉洪義之名如何得來？書內並無此名，亦未載劉洪義係何時之人，編纂者如何下此結語？」可見他很重視考證。很多書由他自己親自校對，像《性理奧》翻譯滿文本時，他就指出過譯文前後不一，命令譯書的人統一用字用詞。他曾經說過《性理奧》所譯之書，每次送來（文稿），皆逐字詳究。《清文鑑》在最後定稿時，他也逐一審查大臣們所進呈的書稿，研究修改，甚至還援引古文古書來互證。另外，我們發現康熙在修書時他對若干技術問題也關心過問，像《朱子全書》的「刻版不清，字粗糙又有錯誤」；《性理大全》版面很好，但第一册寫成的與原本不合；《月令廣義》工作太慢，「宜稍上緊」；《新讀數表》的「字盡量粗些」，甚至他自己也畫出一個《新讀數表》的樣張，供刻印處參考；《孝經衍義》、《資政要覽》諸書封套大小與用綾子作封皮；《御選唐詩》印刷一千部等等，他都是親自參與、煩神設計的。康熙在修書的工作中確實付出不少時間與精力，誰能說「欽定」、「御製」、「敕撰」名不副實？

20

康熙自幼即崇華

康熙二十三年十一月初四日夜，皇帝在南京燕子磯畔的御舟上，對隨行的大臣高士奇說：

> 朕自五齡即知讀書，八齡踐祚，輒以學庸訓詁詢之左右，求得大意而後愉快。日所讀書必使字字成誦，從來不肯自欺。

同時他在另一次談話中又告訴人們說：

> 朕八歲登極，即知黽勉學問，彼時教我句讀者，有張、林二內侍，俱係內時多讀書人，其教書惟以經書爲要，至於詩文，則在所後。

可見康熙皇帝從小就受到中國傳統儒家文化的薰陶，他的崇華思想也可以說是其來有自的。

不過在順治十八年正月他繼統爲君之後，由四位勛舊重臣輔政，加上他祖母孝莊太皇太后的幕後指揮，他根本就是一個有名無實的皇帝。而輔政大臣們又都是守舊的滿洲本土派，所以在康熙初年，將順治時代的一些「慕華制」的政策，幾乎都改弦更張地修正過來，一切以尊崇滿洲爲前提，重新制定了一些政策方針。例如輔政大臣們先把明朝制度的太監衙門盡行革去；停罷內閣與翰林院等機關，恢復滿洲舊有的內三院。另外又把太常寺、光祿寺、鴻臚寺等執掌祭祀、宴勞、朝會等事的機構再歸屬於禮部，不使其成爲獨立機關，藉以抵制與防範漢族的封建禮儀發生滲透的影響。輔政大臣們又爲了減少漢族文化、儒家思想的傳播，將三品以上官員父母亡故給予祭葬以及八旗官學生移送國子監教習等的順治朝制定的制度，陸續取消。當然爲了首崇滿洲，輔政大臣們更提高滿洲官員的品級，公然表示滿漢官員在政治與經濟地位上的不平等。尤其特別的是輔政大臣們竟推延皇帝經筵講學的時間，爲的是防止皇帝「習漢俗」，崇尚漢人文化。

康熙皇帝因爲沖齡繼位，大權旁落在輔政權臣手中，而權臣又有跋扈「獨專權柄」如鰲拜的，不但結黨營私，獨掌輔政之權，甚至還在皇帝面前「攘臂」爭辯，「不將朕放在眼中」，使康熙皇帝益發感到滿族權臣勢力的可怕，漢人制度的必須借取與重新建立。因此在他清除輔政大臣的惡勢力之後，便陸續地表現了他崇華的作風，終於以崇儒重道作爲他的基本國策。他首先重用漢人熊賜履、馮溥等人，擔任中央政府的要職。不久恢復明朝制度中的內閣與翰林院，以大學士入值票擬一切公文。又宣布滿漢官員品級劃一，以示滿漢一體。並命令「修理聖廟國學」，以舉行「臨雍釋奠大典」。《聖諭十六條》的頒布與通令在全國各地宣講，也是他親政後不久便推行的政令。而經筵日講與起居注館的建立，更是他貫徹崇華崇儒的另外一些表現。

在康熙十二年吳三桂等三藩反清之前，康熙皇帝還陸續恢復被守舊輔政大臣們廢止的「三品以上官員，父母亡故，給與祭葬」，「八旗官學生移送國子監教習」等制度。又規定祭祀孔子時滿洲文官三品以上「亦應前期齋戒二日陪祀」，並實行了滿蒙漢文武官員「遇有父母喪事，不計閏，准守制二十七月的制度」。另外「年高有德，堪爲賓介者」，得參加順天府的鄉飲酒禮。凡此種種，都是康熙皇帝爲努力改善滿漢關係，表現崇尙漢族文化，以儒家思想作爲治國指導思想的一些具體政治措施。由於尊孔崇儒有助於三綱五常等傳統中國倫理的重建，如此一來，不但加強了漢族人士對清朝政權的向心力，也加強了康熙皇帝個人的皇權。更深一層的看，康熙的崇華，固然與他從小即受儒家思想教育有關，但也是康熙總結滿族入關後統治漢人經驗的一項理性體驗，因爲他深切地了解只有用儒術才能順利成功的治理千年來以儒家思想爲主流的國家以及數以千萬計的服膺儒家倫理的漢族人民。由此可知：康熙的崇華多少是帶有功利性的。

21 康熙的文化政策

康熙二十年代以後，可以說是一個國家統一、集權中央，人民得到休養生息的時代，也是文治與武功隆盛的時代。這些成就是由多種因素締造而成的；但是康熙的文化政策絕對是其中重要的一項。

滿洲人在明清之際的漢人眼中是「邊夷」，由於夷夏之防的牢不可破，漢人對他們的成見很深。加上明清換代帶來的動亂不安，整個社會陷入空前危機之中。因而不少知識分子便進行反思，希望提出救國救民的新主張來，黃宗羲、王夫之、顧炎武等人就是其中的代表。這些漢人思想家是明朝的遺臣，當然極富民族神精，他們的言論與想法在當時是不利於清廷的，例如他們認爲「天下之治亂，不在一姓之興止，而在萬民之憂樂」，甚至他們明白地指出：「天下之大害者，君而已矣。」直接地批判明清君主了。清朝入關伊始，首重南明反清勢力的平服，所以在順治年間，便以尊孔崇儒作爲表面上安撫漢人知識分子的政策，不過無法落實執行。康熙皇帝自幼飽讀漢儒經書，又總結他祖先對漢人施政的經驗，深知要治理漢人國家，不能不推行以儒家思想爲主流的政策，因此他就把以儒術來強化思想統治的政策眞正實施了起來。康熙選定了程朱理學作爲他官方文化政策的哲學基礎，因爲程朱等宋朝的大學者，他們強調三綱五常的儒家大道理，並解釋綱常是永恆不變、不可抗拒的天理，若有人企圖改變這種天經地義的教條，這人就會被視爲罪大惡極。中國人已經幾千年在儒家思想中生活長成的了，因而很容易地被這套三綱五常的理論束縛與箝制著。康熙皇帝本人又在當時的名理學家熊賜履的教授之下，很通曉程朱理學的內涵。他把儒家文化思想中的經世、憂患、變通等理想與使命的意識加以淡化，也就是把一些活躍的、可能影響專制皇權的思想部分予以忽略，而只著重在靜態的關係和諧與社會平衡一方的鼓吹強調，所以他把理學侷限歸結爲倫理道德學說，教「人讀書，宜身體力行，空言無益」，教人以儒家的君仁、臣忠、父慈、子孝、朋友有信這些綱常爲倫理道德的規範，如果全國人民都如此，皇帝當然就可以「治萬邦於衽席，和內外爲一家」了。康熙皇帝的文化政策，說穿了他是不談程朱理學家們思想中的哲學思辨部分，不去探討程朱思想的博大精深的體系，而只宣揚他們的修身齊家的倫理道德，把大臣與人民都約束在儒家道德教條之下，以維護他的皇權，鞏固滿族的統治地位，康熙皇帝的文化政策不能不算是高明的創作了。

如果我們再深入一點去探討康熙的崇儒文化政策，我們還會發現他最初尊崇孔子，而後隨著他對朱熹學問的了解增多以及對儒學素養的提高，他改變了尊孔態度而轉向爲強調朱學，利用朱學爲維繫人心與箝制人民思想的工具。不過他本人不以理學自任，更不去爭取「道統之傳」的領袖地位，他只重視理學爲立身根本之學，這也是他的謙沖偉大處了。

由於康熙皇帝以崇儒爲國策，以文化教育作爲治國的根本之計，文化事業乃得正常發展，知識分子又被視爲社會中堅，這一正確的政策，致使大多數漢族知識分子與他合作，熱烈參加了開科取士的掄才大典，並響應了「博學鴻儒」、「徵求山林隱逸」等的號召，紛紛入仕清朝，爲國家服務了。

康熙朝的崇儒文化政策，在另一方面也產生了凝聚全體社會成員力量，因爲大家都修身齊家，對穩定社會、促進國家經濟的繁榮發展、文化的恢復與弘揚，都起了積極的作用。當然康熙爲維護他自身的皇權與滿族統治權而抹煞了理學的哲學思辨部分，對人的才智設限，民族精神的發揚以及理性思維光輝的掩滅，確都產生日後的惡果，這也是值得我們記取的教訓。

22

康熙如何視朝辦公

康熙在位六十一年，經常出巡在外，辦公情形當然隨時隨地有所不同。這裡想描敘的只是他在京城期間的正規情況。

法國傳教士白晉寫過：

> 每天清晨，他照例視朝，接見在京官員。其中的主要大臣們一起向他呈遞奏章。在決定一切重大事件之前，他先把奏章送到閣老院，只有這些閣老是審議事情後向皇帝提出書面意見的帝國大臣。然後，皇帝親自對此作出決定。未經皇帝審核，這些大臣和閣老的決定是沒有任何效力和作用的。

白晉的說法大體上是正確的，閣老院應指內閣，閣老是指當時的內閣大學士。現在我們從《康熙起居注》裡鈔錄兩天的記述，作爲印證：

（康熙二十一年五月初七日）甲寅，早，上御乾清門，聽部院各衙門官員面奏政事畢，部院官員出。大學士、學士隨捧折本面奏請旨：爲勘閱河工事。上曰：爾等曾問魏象樞否？大學士明珠奏曰：臣等問魏象樞，據云：年老有疾，不能乘馬，且遇風雨目作痛，去則一身不足惜，恐誤朝廷事務。上曰：徐元文可遣。良久又曰：徐元文係江南人，有妨礙否？明珠奏曰：江南本鄉，恐有不便。上曰：著宋文運去。此人不肯依阿人，亦不能搖奪。又爲鎮國將軍品級哈爾薩叩閽，懇還其父公爵及所有佐領，宗人府議給事。上曰：爾等之意如何？明珠奏曰：此事屢次控告甚明，但給與不給出自上裁。上曰：伊父有軍功，似可給之。明珠等奏曰：此係宗室，給之亦無不可。上曰：著議政王、大臣會議具奏。又爲吏部題補刑部侍郎員缺事。上曰：朕昨觀奏章，見票簽寫葉方藹轉左侍郎。聞葉方藹已經病故，爾等仍擬此簽，是何緣故？勒德洪、明珠奏曰：皇上睿見甚周，臣等失於檢點，以致錯誤。上曰：可改票來。上又曰：葉方藹侍從講幄有年，勤慎素著，朕欲給予卹典，爾等可查例來看。又爲蔡毓榮題，緣事遊擊王振等皆行間諳練，著有勤勞，請乞皇上召試錄用，兵部議不准行。上曰：王振等效力行間，勞績頗多。

此內有王進寶標下官員，皆驍健堪用。明珠奏曰：此輩雖少有罪過，然立功多次，可以贖罪。上曰：王振等著依該督所請，令其來京，酌量補用。此內現任官員於應升時，亦著來京引見。

另外再就康熙二十五年十月二十六日的視朝情形作一介紹，《起居注》裡記：

辰時（上午七至九時），上御乾清門聽政，部院各衙門官員面奏畢。大學士覺羅勒德洪、明珠、王熙、吳正治、宋德宜，學士李光地、吳興祖、禪布、韓菼、賽弼漢、葛思泰、徐廷璽、郭棻、吳喇代、齊色，以折本請旨：吏部題僉都御史張集陞任員缺，論俸開列大理寺少卿徐誥武、通政使司左通政王遵訓。上顧大學士等問曰：其次應升者有誰？王熙奏曰：有王承祖、錢珏。明珠奏曰：尚有衛執蒲。上問曰：錢珏居官如何？王熙等曰：居官好。上曰：錢珏曾參穆爾賽，著補授此缺。

康熙皇帝除了不視朝、出巡或少數其他情形，他幾十年如一日御門聽政，每日辦公的情形也都與上述的差不多。不過從以上兩天的記事中，相信大家都能看出，聽政確是君臣共治的一種議政方式，但在專制的當時，一切事務的決定大權仍是操在君主手中的。像文中所記的一些人事任命以及給賜爵位、召試錄用、給予卹典等，大學士們只聽皇帝的命令，幾乎是無權反對的。不僅如此，我們在有關康熙皇帝御門聽政的紀錄中，還可以看到他專斷的一些有趣事件，現在略舉幾項如下：

康熙皇帝在與大學士們討論折本時，他有時先對某人某事表示了意見，大學士們當然只有照著他的意見寫出票簽了。例如康熙不滿閩浙總督姚啓聖在征討台灣時有不主張戰爭解決問題的傾向，便在台灣收復以後對他印象大壞了。有一次姚啓聖上奏來請求開墾廣東沿海荒地事，皇帝先在大學士等前指責姚啓聖犯了很多錯誤，如此一來，大家對他請准開墾荒地的事都不敢有贊成的了，儘管皇帝叫大家對此事「嚴切擬票送進」，誰還敢寫出對姚啓聖有幫助的意見呢？

又如康熙二十八年二月二十一日君臣們在御門聽政時討論漢軍擅自買下蒙古、滿洲家僕的事，皇帝原先是認爲「不必禁止」的，大臣們也照著他的意思寫在票簽上了。但是在討論之際，皇帝突然感到如果只令漢軍招買，「不但價値頓增，且盡爲漢軍所買，滿洲不得買」，損失滿洲人的利益了，他乾脆又叫大學士改寫票簽爲「禁止」字樣，顯然皇帝的想法才是最後的決定。

還有更有趣的就是他代表大學士們做了一些工作，他根本不需要大學士們的票簽，他在討論當時就幫大臣擬好了票簽的文字。像在平定三藩之時，總督董衛國向皇帝報告了清軍得勝打下了遵義府，康熙高興之下，就對大學士說：你們可以在這份奏報上寫說：「據奏恢復遵義府，僞將軍馬寶逃遁，殺敵甚多，知道了。」

「票簽」或「擬票」本來是明朝就使用的一種制度，即各處大臣進呈給皇帝的奏報，先由大學士們閱看，並以小紙片（票）寫下初步處理的意見，供皇帝參考用的。如果皇帝同意大學士的處理方法，就照「票簽」的文字以硃砂筆重抄一遍，交還給原提奏之人，作爲合法辦事的依據。康熙現在自己擬票了，或是隨己意改票簽了，可見他是一位強調皇權至上的皇帝。

23

康熙鼓勵大臣寫祕密報告

古代中國，京城裡或外省的官員要向皇帝報告事務，常以文字書寫，逐項說明，在不同的時代裡，這些報告有「奏」、「疏」、「章」、「封事」等等不同的名稱。後來因爲較長的報告一頁不夠寫，就加用紙張摺疊在後頁，故又有「奏摺」的稱謂。這種報告制度到了明朝更有系統了，規定凡是公事得用「題本」，透明化的經過中央衙門傳送給皇帝。如屬私事，可用「奏本」，由太監處轉呈皇帝。不過有時公事與私事很難明確分野，所以有的大臣也難免在奏本裡向皇帝談些公事。清朝入關以後，採用了明朝的這項君臣間通訊方式，公事用題，私事用奏。不過到了康熙時代，章奏制度開始有了變化了，在內容與性質上都起了一些變化。

康熙皇帝本來是位「惡虛文、尚實際」的人，對於大臣們寫來的報告，他最初認爲簡明就好，重點在談正事，他厭煩浮泛無益的文辭，不喜歡聽大臣談無聊的人事。甚至有一次他還說：「明朝故典，朕所悉知，其奏疏多用排偶蕪詞，甚或一二千言，每日積滿几案，人主詎能盡覽，勢必委之中官，中官復委於內客，此輩何知文義，訛舛必多，奸弊叢生，事權旁落，此皆文字冗穢以至此極也。」可見他把明朝皇帝大權旁落到太監身上的責任都歸諸於章奏報告了，所以他主張「文章貴於簡當」。報告內容以公事爲主，不必牽涉太多，「道在不擾，與其多一事，不如少一事。」

然而康熙畢竟是一位關心國家政事的君主，也是重視皇權的皇帝。當他發現外省官員報告的與他出巡看到的大有出入時，御史們已經失去作爲皇帝耳目作用時以及權臣在侵犯他的皇權時，他感到各種資訊的重要性了，不能老被人蒙在鼓裡，於是對於題奏的報告注視了起來，並有了新的改進構想。

他的具體改進辦法就是鼓勵御史們多寫報告，利用他寵信的臣工暗中給他報告，同時又將能給他寫報告的官員品級降低，如此一來可以增加報告的人數，也增多報告的來源與內容。清朝大臣向皇帝報告的題奏制度也從此有了改變。

在當時眾多大臣的題奏報告中，最值得一提的是祕密小報告。康熙爲了要清楚地掌握京中與外省的情況，他利用他寵信的一批大臣到處爲他刺探官場與民間的消息，然後讓他們祕密地經由太監的機關轉送報告，直達皇宮。報告都是裝在盒子裡並上鎖加封送來的，外間官員無法得知內容。這種大臣向皇帝上小報告的事，直到康熙末年從未間斷過。現在且舉幾個例子，說明這方面的情形。

李煦是滿洲正白旗人，初任內閣中書，後得康熙信任，到暢春園當總管。康熙三十二年改官出任蘇州織造，時或兼任兩淮巡鹽御史。他在江南任官期間，一直給皇帝上祕密報告，說些地方雨水、糧價的問題，並向皇帝奏呈科場案件、賊匪情形、督撫不和、海盜搶殺事件、朱三太子的逃竄行蹤、散帽黨徒的妖術叫魂活動等事，內容根本已超出了地方民刑兵馬公務或是個人生活的內容，可見奏摺有了新意義。

曹寅也是當時給皇帝打小報告的另一位能手。他也是旗人，年輕時曾爲康熙皇帝伴讀，後來在鑾儀衛、內務府等單位做過官。康熙二十九年外放，歷任蘇州、江寧兩地織造，兩淮巡鹽御史等職。康熙皇帝常對他說：「以後有聞地方細小之事，必具密摺來奏。」或是叮囑他：「倘有疑難之事，可以密奏請旨。」因此他寫給皇帝的密奏很多。地方事務也無所不談，像似南京考場裡的作弊案件、退職官員在家鄉的活動、建議給兩淮鹽商職銜以示酬庸、大臣生病請賞賜宮中藥品等等，內容也是包羅萬象的。還有一位叫王鴻緒的京官，做過工部與戶部的尚書，因在南書房裡工作，是皇帝的寵信大臣。康熙四十四年，皇帝南巡江浙等省，行前命令他將京中可聞之事，祕密陳奏。王鴻緒遵旨便將當時北方與京城中發生的新鮮事，不斷地用小到二、三寸的紙條，密密麻麻的夾在一般報告裡送到南方，其中有地方官傅作楫被人洗劫盤纏、順天府鄉試士子的惡習、通倉糧米的虧空、官員販賣女子等等。這些事原先都是康熙皇帝不屑聽聞、不屑詢問的，現在卻變成這類報告的主要內容了。

康熙末年，由於皇太子的被廢黜，其他皇子的爭奪繼承的鬥爭發生，皇帝更需要了解多方的活動情形，因此密奏制度有加強鼓勵的事實。皇帝要大家「各罄所見，開列陳奏」，而且保證「凡有密奏，無或洩漏」。清代上書言事的制度又進入了一個新境界。

24 從密奏批語看康熙

康熙皇帝鼓勵大臣給他寫祕密報告，他接到報告後，會在報告上用硃砂紅墨水寫些批語，稱爲「御批」或是「硃批」。這些批語有助於我們了解康熙的爲人以及當時發生的一些事象。現在以康熙本人爲主來談談批語能反映些什麼給我們。

康熙皇帝確是一位簡樸的人，他的硃批常是簡明扼要的，在很多大臣的報告上，他只批著「覽」、「知道了」、「這所奏的是」、「知道了，摺子交內閣了」等等的。即使有些摺子他的批語多寫了一些，但也少見超過一百字的，若比起他的兒子雍正皇帝來，眞是大有不同。

康熙的批語不多，固然是他重視「文章貴在簡當」；但是他也知道言多必失，少說也是會少錯的，特別是他以朱夫子的信徒自居，認爲道德文章原非二事的，人要言行相符，心口合一才是正人君子。可是他卻鼓勵大臣給他寫祕密的小報告，甚至要去挖掘別人的隱私，這實在不是一件光明磊落的事，也不是一位道學帝王應該做的事，因此他一邊爲廣收消息鼓勵密奏，一邊內心也感到不安，所以他除了不留下過多的手書證據批語之外，又非常注意與大臣在密奏的交往上的機密不公開。爲了盡量設法保密，盡量不使外人知有其事，他總是單線的與一個大臣交通，並且還以下面的幾種方法保密：

一、他要求一切密奏必須提奏人親自書寫，「不可假手於人」。皇帝批語也是自己書寫，從不命人代書。在康熙五十四年，皇帝右手病痛，不能寫字，他改用左手作批，絕不讓別人代理，爲的是保密。他也曾對大臣說過：「凡提督等密奏之事，皆朕親手密封發回，朕躬之外，即左右人亦不得見隻字，此皆體密奏者之心，而重其事之意。」

二、密奏既是皇帝與大臣之間的一種祕密通信，所以凡是從各處送來的密奏，只要有「拆看改更」跡象的，康熙皇帝一概不予批答。

三、康熙皇帝曾對大臣們說過這樣的話：「凡批答督撫摺子及硃筆上諭，皆朕親書，並不起稿。」所以「凡奏事者，皆有朕手書證據在彼處，不在朕所也」。這就是說所有祕密奏報以及報告上的硃批都發回到原提奏人那邊了，皇帝身邊不留底稿，因此一旦有洩密事發生，責任在收藏這些原件的大臣，這也是皇帝警告大臣要保密的一種手段。

四、康熙皇帝爲保密，不斷提醒大臣在密奏時要「實封呈進」，即必須妥善上鎖包裝，另加火漆封牢，以免被人拆看。在當年留下的密摺中，我們看到不少這樣的康熙批語：「此摺該封」、「摺子未封不合」以及「摺子應實封呈進」等等的，在在說明皇帝重視保密。

五、乾脆對一些寵信大臣明說不得外洩密奏之事。皇帝曾向李煦說：「凡有奏帖，萬不可與人知道！」他也對曹寅警告過：「凡參摺不可令人寫，但有風聲，關係匪淺，小心小心！」更有趣的是他與王鴻緒之間密奏往還，君臣二人簡直如臨大敵。康熙皇帝在離京南下時對王鴻緒說：「京中有可聞之事，卿密書具奏與請安封內奏聞，不可令人知道。倘有洩漏，甚有關係，小心小心！」王鴻緒則在密奏的最後寫些：「伏祈即賜御批密發，並望特諭總管面交臣手，以免旁人開看之患。又摺子封套之外，用紙加封，只寫南書房謹封字樣，以隱臣名，合並奏明。」王鴻緒有時還更緊張地寫道：「此奏摺關係臣家身，伏祈聖主密覽批發，以絕洩漏。」皇帝也批答他說：「甚密，無一人知。」使他安心。總之，康熙是在內外政情特殊的情形下而推行密奏方法的，但又要顧及聖賢君主的形象，才會有上述這些現象的產生。

不過，康熙仍不失爲一位稱職的皇帝，他的批語可以透現他是講體制的人，例如：題奏制度原本就是分別公私性質事務內容的，康熙在這一點上是不容大臣們越亂的。廣西巡撫陳元龍在請安摺中密陳該省土司之事，皇帝批了：「土司一事，封在請安摺內不合。」因爲這是地方公事。

直隸總督趙弘燮以密奏報告水災情形並請求暫時動用倉庫糧食借貸給貧民時，皇帝則批說：「就當具題纔是，奏摺不合。」還有貴州巡撫黃國材有一次在奏摺裡向皇帝談到外省流棍到貴州綁賣鄉民子女案發，請求皇帝准他就地將流棍處死，康熙則批示：「此係人命之事，須具題纔是。」類似這樣的奏摺很多，皇帝總是引導大臣遵循制度辦事，不能越亂。

另外，康熙皇帝不愧爲仁厚著稱，在不少大臣奏摺的批語中似乎也可以看得出來。他雖是批寫的字數不多，但常見勸勉或教誨臣工的，很少有難看的辱罵語句。在他對大臣不滿意時，也不常見他在批語中喜怒形於表外的。曹寅有一次報告遲了一點，他只說：「凡可奏聞之事，即當先一步纔好。事完之後，聞之何益？」陝西肅州總兵官路振聲的奏摺寫得不好，皇帝批說：「此奏摺文理不通不合！」另外陝甘總兵官李盛林的報告最初用滿洲文寫的，皇帝覺得他寫得不通，後來他請求准他以漢文書寫，康熙不很高興，在他的奏摺上寫了：「此漢字亦未必爾自能作也！」像這類的批語可能是康熙硃批中比較刻薄的用詞了，比起他兒子雍正硃批的惡毒罵人文字來，不知好了許多！

康熙晚年的硃批常見別字、錯字，或是漏字，書法也大不如前，這大概與他的多病而健康情形日差有關吧？

25

康熙與三藩之變

清朝入關以後，曾經利用明朝投降的一些將官到中國南方平定反清勢力。由於他們戰事順利，不少將領都因有功勳册封爲王爵，而且握有重兵，雄霸一方，形成割據之局。康熙親政以後，這些藩王中尙可喜駐廣東、耿精忠鎭福建、吳三桂守雲南，是爲「三藩」。三藩不但各有獨立的軍隊，也享有獨立的財政權，尤其是平西王吳三桂權力更大，他甚至還有用人大權，他可以不受吏、兵二部的約束，自行選任文官武將，當時稱爲「西選」（平西王自選之意）。吳三桂又有野心，他在雲貴邊區暗中操練兵馬，廣殖財貨，潛積硝石，私通蒙藏，大有俟機而發之勢。

靖南王耿精忠在福建也多做不法之事，貪暴横行，又信讖緯之言「天子分身火耳」之說，以爲「耿」氏必將當大位，可謂心懷異志，對清廷很不忠誠。

吳三桂銅印

此爲三藩之亂次年所鑄之印，文爲「分守洮泯道關防」。

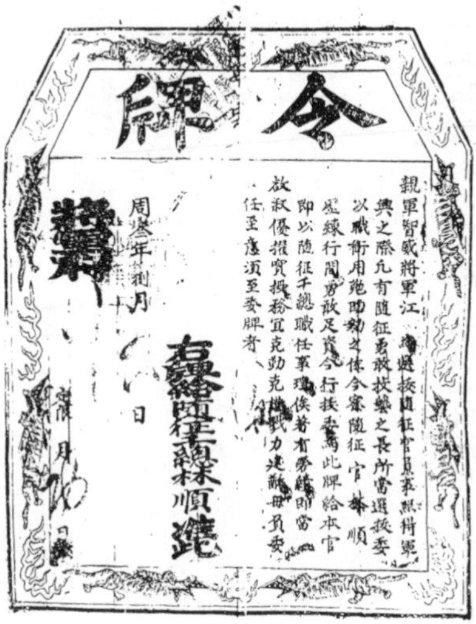

令牌

親軍智威將軍江[illegible]選拔随征官員事照得
興之際凡有随征勇敢技藝之長所當選拔委
以職銜用施師効之体今審随征官林順
歷練行間勇敢足資合行拔委為此牌給本官
即以随征千總職任事[illegible]俟着有勞績即當
故叙優擢實授務宜克勤克[illegible]戮力建勲毋負委
任至意須至委牌者

右牌給随征千總林順遵

周叁年[illegible]月[illegible]日

吳三桂部令牌

平南王尚可喜年老多病，藩事多由長子尚之信掌理，而尚之信嗜酒嗜殺，又對父親不孝，想早日承襲王爵，使得他父親痛苦不堪。康熙十二年（一六七三），尚可喜在無奈之下，上書康熙皇帝，希望自己回老家遼東終老，留他兒子尚之信在廣東鎮守。皇帝見到這是難得的機會，認為可以借此收回地方大權，於是就說：尚可喜歸遼，尚之信仍帶官兵居粵，則是父子分離，實有不便，所以下令尚可喜父子可帶領全部人馬回遼東定居，表面上是皇帝不忍他們父子分離，實際上是康熙想藉此撤掉藩王分據地方的勢力。吳三桂與耿精忠聽到這消息之後，心裡也都疑懼不安，為了試探朝廷的意向，他們也分別向皇帝奏報，「仰懇皇仁，請撤安插」，看看中央政府有什麼反應。

三藩一同上書請求「安插」，當然是件大事，也是危險的信號。皇帝與大臣會議商討時，朝臣雖有主張撤藩的，但也有認為茲事體大，不能冒然從事的。不過正值二十歲英年的康熙早已看出吳三桂等人蓄謀已久，其勢已成，撤亦反，不撤亦反，不如先發制人，及早除此大患，所以皇帝特詔：「從其所請」，同意三藩離開南方駐地，另由政府安排整編，並派出接收大員分別到雲南、廣東、福建等地辦理接管事宜。

吳三桂因弄巧成拙，騎虎難下，當中央派來的欽差大臣來到時，他陽為恭順，暗中則作各種準備，除與耿、尚密謀外，又封鎖所有要隘，最後他在同年底宣布反清了，自稱「天下都招討兵馬大元帥」，聲稱要「伐暴救民，順天應人」，為明朝復仇，希望爭取漢族同胞與他一齊來反清。

吳三桂公開反清之後，數月之間，雲貴川湘桂等省有不少武官響應，第二年在福建的耿精忠也接受吳三桂的號召反清，並在不久之後，又招來台灣的鄭經渡海助戰，一時東南半壁，成了反清的勢力範圍，反而只有最初請求安插的尚可喜卻在廣東按兵不動，守清臣節。

康熙十五年，尚可喜死，尚之信接受吳三桂「招討大將軍」封號反清，加上襄陽總兵楊來嘉、河北總兵蔡祿、陝西提督王輔臣、察哈爾蒙古貴族在北方響應，清代中央一度感到震駭，官員中甚至有人「即遣妻子回原籍」的，所幸皇帝十分鎮定，他願負一切撤藩的責任，除在陝鄂等省置以重兵，阻止吳三桂等北上之外，又調發主力進向江西，西攻長沙，以切斷吳、耿的聯合陣線。他並將吳三桂留在京城的兒孫處死，拒絕吳三桂的和談請求，決心與三藩作戰到底。反觀吳三桂則已暮氣沉沉，觀望不前，想以長江為界，苟安息兵。而三藩反清主要是因為他們既得利益受損，為了保持私利，不惜發動戰爭的。他們喊出為明復仇的口號，但始終沒有奉明朝正朔，也未奉朱姓後裔為主，因而無法獲得復明忠貞人士的支持。三藩之間又矛盾重重，充滿爾虞我詐，時而猜忌，時而離心，所以到康熙十五年，耿精忠與王輔臣等人又投降了清朝，第二年，尚之信也不堪負荷吳三桂的軍費要求而通款清軍，脫離了吳三桂，三藩的勢力因而日益衰弱。吳三桂為了集合人心，又於康熙十七年稱號自重，建國曰周，改元昭武，不過已經回天乏術了。加上他已六十七歲高齡，「病噎」（食道毛病）時發，身體極不舒適，不久病逝湖南。雖然他的孫子吳世璠繼立為帝，改明年為洪化元年，但是整個局面已群龍無首，只是為生存掙扎了。

康熙十九年，清軍在四川、廣西、貴州等地連戰皆捷，世璠乃退守雲南，第二年清軍在昆明附近與吳軍大戰，世璠以大象軍拒戰，仍不敵清軍攻勢，世璠最後自殺，歷時八年的三藩亂事，至此乃告結束。

康熙皇帝能戰勝三藩原因可能很多，有一點值得一述的是他在軍事行動時還不忘政治攻勢。他下令對主動來投降的三藩屬下官兵給與優待，甚至封侯授以將軍。有時又派出專人「招撫陷賊官員兵丁」，以分化敵人實力。清軍出征之前，皇帝必叮囑他們對人民要「厚加撫恤，嚴禁侵掠」。「破賊之後，凡所俘難民子女，許民間認領」，「被脅截髮」百姓，也不能一概「誅戮」。至於耿、尚這些藩王本身，皇帝則對他們毫不姑息，最初利用他們協助清軍攻打吳三桂，以「戴罪立功」，但到大勢既定之後，則罪數從頭了。尚之信在康熙十九年戰事已勝算在握時被處死，耿精忠則在昆明戰局結束後被寸磔而死，吳世璠雖自殺但仍函首送往北京，吳三桂則被掘墳折骨，以示處罰。

三藩亂事平定後，清廷結束了南方軍閥割據的混亂局面，康熙下令在南方要地設立八旗駐防單位，加強了中央集權。皇帝一面免除雲貴閩粵各省的苛稅雜捐，與民休息，一面推動多元民族國家政經文化建設，爲清朝盛世再奠堅固的基石。

26

康熙與台灣內附

台灣是孤懸在中國東南海疆上的一個島嶼，宋元時代已有國人移民該處。明末有鄭成功父親鄭芝龍等人來到島上經營開發，不過後來鄭芝龍任明朝官員，荷蘭人進入了寶島，直到鄭成功東征台灣，建立反清復明基地，從此清鄭才隔海對抗起來。

鄭成功擊敗荷蘭人收復台灣以後，曾經制定過一系列開闢島嶼的計劃，可惜他不久病逝，這些開台事業只有留待他的兒子鄭經來實現了。

鄭經因爲生活放逸不檢點，在繼承他父親延平王位時曾引起家屬與部將的反對，結果發生了內訌，最後在有力武官們的支持下才得到領導地位，繼續與清朝抗爭。

鄭經得位後，最初佯裝與清朝議和，以安定內部。清朝發覺鄭氏談和無誠意，乃發動攻勢，甚至聯絡荷蘭人，聯合攻打台灣的前哨金門、廈門諸島。由於軍力懸殊，鄭經乃退守銅山。康熙二年，清軍再攻銅山等地，鄭軍不敵，於是盡棄沿海諸島，撤回台灣。其後兩年之間，清軍又攻澎湖，遇風失敗，清軍水師將領施琅無功而返，雙方回到平靜的對抗局面。

三藩亂起時，耿精忠向鄭經乞援，允許割讓漳、泉二州，鄭經乃揮兵西征，重新登上大陸，與耿軍合攻廣東。不過，耿精忠後來食言，鄭耿二人於是反目。耿精忠不久再降清，轉攻鄭經，鄭軍在大陸的發展更形困難。當吳三桂死後，吳世璠退走雲南時，清軍以水陸聯軍猛攻鄭經，廈門失守，大陸沿海也無法立足，鄭經乃於康熙十九年（一六八〇）返回台灣。

康熙皇帝在三藩亂事後期，曾經說過：「滇黔底定，賊寇殄滅，獨茲海外鯨鯢，猶梗王化，必須用兵撲滅，掃蕩逆氛，庶海隅安全，民生樂業。」可見當時康熙已決定以武力解決台灣問題了。

鄭經回到台灣之後，心灰意懶，縱情花酒，後來抑鬱而終。王位傳給長子鄭克壍，但是臣下有人襲殺了克壍，擁立十二歲的克壍弟弟克塽，由侍衛馮錫范當權，台灣島內一時「文武解體，政出多門」。康熙聽到消息之後，隨即下令對台用兵，並重用鄭成功的大仇家施琅爲福建水師提督，因爲他是「世仇，其心可保，又熟悉海上情形」，大舉攻台的戰爭至此確定。

康熙二十二年六月十四日，施琅在銅山誓師，統領水師三萬多人，戰船三百多艘，於第二天揚帆出海，直駛澎湖，先克花嶼、貓嶼、草嶼，再乘風進泊八罩。鄭克塽命大將劉國軒守澎湖，他的兵力不及清軍，士氣也不振，尤其劉國軒始終堅持防守，幻想海上能發生颱風，吹散清軍，這種不切實際的戰略終致失敗，劉國軒也退回到了台灣。

澎湖失守後，台灣各港警戒，但駐守雞籠的北路將領何祐等卻祕密地向清軍通謀納款，而在台南的鄭克塽與臣下會商時，有人建議：南走呂宋，劉國軒則堅決主張投降清朝。劉國軒兵權在握，鄭克塽、馮錫范、劉國軒等都剃髮迎降，向施琅繳出「延平王」大印，正式結束了三十多年的清鄭抗爭，也結束了南明反清的最後一點象徵，這一天是康熙二十二年十月八日。

鄭克塽等投降後，被清朝封爲公爵，馮錫范與劉國軒封爲伯，都歸隸於上三旗，以示優待，劉國軒還被任命爲天津總兵官，更顯見對他的軍事能力器重了。

台灣平定後，有人主張放棄此島，甚至任荷蘭人再去佔據。施琅認爲不可，他向康熙上書，說明台灣是關乎東南沿海要害之地，如不治理放棄，不但不利於國家的安定，更會引起外國人的侵略野心，而且台灣已經「備見沃野土膏，物產利溥，耕桑並耦，漁鹽滋生，滿山皆屬茂樹，遍地俱植修竹，硫磺、山藤、蔗糖、鹿皮以及一切日用之需，無所不有」，當時的台灣一片富庶景象。康熙皇帝同意了施琅的看法，將台灣納入中國內地行政管轄權內，屬福建省管理，置台灣府，下設諸羅、台灣、鳳山三縣，澎湖一廳。台灣的內附，使清朝實現了全國統一，海峽兩岸的經濟文教關係也得到了進一步的交流發展。

此外，在清初台海兩岸的對抗鬥爭中，我們可以清楚的看出主要原因爲大家的政治理念與目的不同。鄭成功祖孫三代爲了忠於明朝，忠於中華文化，不願以夷變夏，堅決不肯剃髮，依從滿洲習俗。鄭家以及他們的追隨者的孤忠正氣是值得肯定讚揚的。清朝方面爲了辨別順逆，一定要鄭氏及其屬下剃髮歸順，才給他們賜地賜爵，雙方在觀念上得不到交接點，所以幾番和議都不能成功。康熙皇帝後來看清這事實，知道非以武力不能解決，於是他下定決心，不妥協地以消滅鄭氏爲目標。他重用有信心征台的人員，而且任用不疑，寄以厚望，付予全權；他的表現是傑出的，他的思想可以說是引導征台成功的動力與保證，他的行事則直接影響征台之役的勝利成功，功勞是不可磨滅的。

27 康熙擊退帝俄東侵

康熙皇帝在平定三藩，收復台灣之後，便全力驅逐帝俄東來的侵略勢力了。

早在明朝末年，帝俄爲在東方尋找出海口岸，不斷地經由西伯利亞向我國東北邊地侵略。崇禎十六年（一六四三）到順治三年（一六四六）的一段期間，帝俄勢力竟從黑龍江中游的支流精奇里江流域，一直竄擾到了黑龍江口、烏第河流域，偷偷地建築堡砦，扣押欺凌東北邊胞，搶掠貂皮特產，無法無天的放火殺人。順治七年，他們更從黑龍江上游的石勒喀河，往返燒殺到精奇里江口、松花江口和下游的費雅喀一帶地區，當地居民受到嚴重災難。

清朝政府爲了抵禦帝俄侵略，保護邊疆同胞，在順治九年（一六五二）到康熙六年（一六六七）之間，至少與帝俄勢力發生過七次較大的武裝衝突，甚至還邀請了朝鮮軍隊協助參戰，儘管這些戰鬥確曾給帝俄很大的打擊，也阻止了他們進一步南下侵擾，可是卻未能完全清除帝俄的盤據勢力，不過康熙皇帝一直不忘帝俄侵擾邊疆的事實，正如他自己所說的：「朕親政之後，即留意於此，細訪其土地形勝，道路遠近及人物性情。」以作爲處理帝俄問題的參考依據。

康熙二十一年，三藩動亂已經平息，他趁著去瀋陽謁陵，特別還去了吉林，檢閱水師，並召見寧古塔將軍等高級武官，了解邊疆情況。後來皇帝又派副都統郎談、公爵彭春等率兵以捕鹿爲名，到雅克薩一帶進行實地偵察，並令他們暗中建築城堡，開墾屯田，儲蓄糧食，設立驛站，作爲動武前的各項準備工作。

康熙二十四年，清軍在皇帝的策劃下，由郎談、彭春等將官領軍，開到雅克薩城附近，派人進城招降，俄軍不從，清軍乃於六月二十四日夜發動攻擊，由滿洲、蒙古與福建去的籐牌兵，分水陸兩路，大舉進攻，俄軍無力抵抗，最後出城投降。清軍輕信俄人誓言，不但放走俄軍俘虜，同時也沒有留兵防守雅克薩城。不料不久後俄軍又捲土重來，再據雅克薩城，並大興防禦工事，作長期固守的打算了。清廷無奈只好在第二年再組織大軍，進攻雅克薩。這次清軍採用長期包圍戰略，使得城中彈盡糧絕。帝俄政府於是派出信使向清廷乞求議和，因此在同年底清軍解圍，等候雙方進行談判。康熙二十七年，雙方約定在色楞河附近的楚庫柏興（色楞格斯克）會議，康熙在使團臨行前特別對領隊的索額圖說：「朕以爲尼布潮（楚）、雅克薩、黑龍江上下通此江之一河一溪，皆我所屬之地，不可少棄之於鄂羅斯。」使團一行於五月三十日出發，途經克魯倫河時，俄人唆使準噶爾蒙古的噶爾丹興兵攻擊喀爾喀蒙古，造成道路中阻，清朝使團奉命折返，於是和談易地到尼布楚舉行。噶爾丹的這次軍事行動，對中俄談判的影響很大。

康熙二十八年七月底，清朝使團依約到達了尼布楚，不過皇帝爲了防止帝俄與準噶爾蒙古聯合抗清，決定在談判時稍作讓步，指示索額圖說：「彼若懇求尼布潮，可即以額爾古納河爲界。」放棄了額爾古納河以西的部分領土。帝俄代表在會議時仍作無理糾纏，索額圖最後以武力相對抗，這才在九月七日簽訂了中俄間第一個平等條約——尼布楚條約。

根據條約，外興安嶺以南、格爾畢齊河和額爾古納河以東至海的整個黑龍江流域、烏蘇里江流域土地，歸中國所有。外興安嶺與烏第河之間地區，俟日後詳細查明再行劃定。此外雅克薩地方俄人所建城堡須盡行拆毀；以後雙方不得收納對方逃亡人口，拿獲後即遣返；兩國進行貿易互市；兩國永敦邦誼等等。這份尼布楚條約雖然在領土劃定方面不盡理想，但是保證了中俄東段邊界一百六十多年的和平，也加強了清代對黑龍江地區的管轄，初步奠定日後行省的規模。

28

康熙破滅噶爾丹幻夢

清朝入關之時，北疆蒙古仍有很多部落存在，如漠南蒙古多與清朝建立親善關係；漠北喀爾喀蒙古也與清朝有良好的交往；只有在喀爾喀部西邊的厄魯特蒙古，他們是獨立的，當時分爲四大部分：一是土爾扈特蒙古，位近俄國南部；一是杜爾布特蒙古，他們放牧在故居阿爾泰山一帶；一是和碩特蒙古，清初他們已經入據青海；另一部是準噶爾蒙古，他們住在天山北路準噶爾盆地，是厄魯特蒙古四部中最強的。康熙初年，他們部落中發生內鬥，在西藏當喇嘛的該部首領噶爾丹回鄉平息紛爭，取得了統治權。噶爾丹野心很大，自他統領部族之後，即不斷向外擴張，不但統一了天山北部的準部，後來更征服了若干天山南路的回部，威令甚至達於青海與西藏一帶地區。康熙二十七年（一六八八），噶爾丹率領了三萬勁旅，越杭愛山，突襲東鄰喀爾喀蒙古，喀爾喀部土謝圖汗不敵，部眾多被俘殺或逃散，宗教領袖哲布尊丹巴的居帳也被洗劫一空，損失非常嚴重。土謝圖汗乃向清廷告急求援，康熙聞訊，大爲震怒，於是遣使責問噶爾丹，噶爾丹禮遇清使，但將戰爭責任全推到土謝圖汗身上，調停沒有結果。噶爾丹這次發動東侵喀爾喀的戰爭也是受到帝俄暗中趨使的，清廷原本要與俄國在外蒙談判雅克薩戰後簽約問題；但因此次戰爭而使得道路受阻，無法談判，以致改在尼布楚會商，讓清廷改變態度，損失不少領土。

康熙二十九年六月，噶爾丹又引兵兩萬多人，以追捕喀爾喀人爲名，再興戰爭。康熙了解噶爾丹無意和解，乃決定親征。康熙後來因在征途病倒，先行回京，不過清軍終於在烏蘭布通（今熱河赤峰縣西）一役大敗噶爾丹。康熙三十一年，皇帝知道噶爾丹不會善罷甘休，便下令建火器營，以火砲威力，備噶爾丹再度東侵。不出康熙所料，噶爾丹在康熙三十四年發動侵略，並直指清朝。第二年康熙皇帝又下詔親征，分兵三路，先設糧台，改車爲駝以利沙漠行軍，主動出擊，切斷噶爾丹歸路。噶爾丹原以爲俄國與西藏都會派兵來援，結果都未能如願，因而在昭莫多（今外蒙庫倫南境）一戰被清軍擊敗，據說清朝「斬數千級，降三千人，獲駝馬牛羊帳械無數」。噶爾丹西奔逃竄。第二年康熙再征噶爾丹，逼得在眾叛親離下的噶爾丹死於逃亡途中。從此喀爾喀蒙古重返牧地居住，清代西北邊疆也得到了二十年的和平。

對於噶爾丹事件的處理，康熙皇帝一直是主動的，並主戰的。即使有可能與俄軍交鋒，他也毫無懼畏。他的果敢行動激發了大軍奮勇作戰的精神。康熙在與噶爾丹的歷次軍事行動之前，他總是先作各項準備評估，又有周詳的布署。不論是武器、兵力、糧餉，或是情報等等，他樣樣都親自籌劃，做到知己知彼而且有必勝把握後才出兵。在戰爭期間，他除了以強大兵威對付噶爾丹以外，又運用外交、經濟、政治等等手段，使得俄國不得介入戰爭，蒙古諸部對噶爾丹離心分散，使得這位外蒙領袖陷於孤立；最後在缺兵缺糧的情況之下，山窮水盡地走入絕境。康熙能致勝的原因確實很多，例如他在親征戰役中，充分表現了他是一位具備軍事知識與作戰經驗的人，而在他悉心籌劃出的各種戰略也證明了他是一位有智慧的君主。至於他不避辛苦，不怕危險，深入不毛荒漠，不懼帝俄威脅，則更表現出了他的膽識過人。由於他有如此的經驗、智慧與膽識，不但成就了戰爭的勝利，也奠定了國家統一的基礎，實現了民族融合成功的希望，也爲多元民族國家創造了發展經濟與文化的有利條件。

29 康熙對西藏的經營

西藏舊稱吐蕃，自從元朝的蒙古貴族們崇奉喇嘛教之後，賦予喇嘛對吐蕃的統治權，喇嘛乃成爲政教合一的主宰人物。最早喇嘛教士穿紅色衣冠，所以也稱爲紅教。明朝初年喇嘛宗喀巴爲了改革而另創穿黃色衣冠的黃教。當時黃紅兩教各以前後藏爲基地。紅教爲了恢復地位，在宗喀巴死後，他們便聯絡喀爾喀蒙古到青海一帶掃除黃教勢力。黃教爲了生存，則向天山北路的厄魯特蒙古尋求支持，和碩特部的顧實汗便趕往青海，與支持紅教的喀爾喀蒙古卻圖汗大戰，結果顧實汗勝利，並乘勝進入西藏，殺死在西藏執政的藏巴汗，黃教勢力因而大興，這時正是清朝將要入關成爲中國新統治者的前夕。

當時，五世達賴喇嘛號稱西藏的法王，他任命第巴的官員兼攝政務，並把首府遷到拉薩，又大修布達拉宮，作爲駐地。五世達賴不但派專使與清太宗皇太極聯絡過，他自己更不辭辛勞地到過北京與順治皇帝晤面，達成了成功的外交。清廷不但非常禮遇接待他，並贈予他以黃金鑄成、刻有滿漢藏三種文字封號大印，印文爲「西天大善自在佛所領天下釋教普通瓦赤喇怛喇達賴喇嘛」，給了他國師的地位。同時又賜金印給顧實汗，鼓勵他繼續「益矢忠誠，廣宣聲教」，這當然是因爲他能控制達賴與班禪兩大活佛的緣故。

康熙初年，青海蒙古因放牧事與清軍發生過衝突。三藩動亂期間，吳三桂曾派人極力聯絡達賴喇嘛與顧實汗，青海諸蒙古有人也乘機起而支持吳三桂的，甚至在康熙十四年還進攻過甘肅的清軍。

康熙皇帝對青海、西藏方面與吳三桂的交往非常重視，曾經通令達賴喇嘛等要「約束部落，毋爲邊患」，並希望他們出兵協助清朝進攻雲南、四川。達賴喇嘛只表面應付，沒有任何行動，相反地他還爲吳三桂請求「若吳三桂力窮，乞免其死罪。萬一鴟張，莫若裂土罷兵」。康熙爲顧全大局，仍以茶馬互市曲意籠絡。康熙二十年，清軍攻下昆明，毀滅了吳氏政權，皇帝也下令達賴喇嘛歸還在三藩兵亂期間擅自割劃的土地，以表示對西藏援吳的不滿。

噶爾丹的崛起也使得清廷與西藏的關係起了變化。康熙十八年，五世達賴喇嘛任命桑結嘉措爲第巴，桑結是個有權力慾的野心家，他不滿和碩特部對西藏的監督控制，又反對與清朝建立密切關係，他與噶爾丹暗中勾結，策劃趕走和碩特部的勢力。康熙二十一年，五世達賴圓寂，他祕不發喪，「僞言達賴入定，居高閣不見人，凡事傳達賴之命以行之」，他幾乎成了眞正西藏的政教領袖。一直到康熙三十五年，皇帝親征噶爾丹時，才從俘擄的蒙古人口中，知道達賴死亡的事，清廷立即下令嚴斥，桑結只好請罪，並私自宣布六世達賴喇嘛坐床。但他仍想加快驅逐和碩特部在西藏的勢力。康熙四十四年，噶爾丹早被康熙消滅，拉藏汗便發動青海蒙古的騎兵執殺了桑結嘉措，並將六世達賴派人送往北京，以徹底清除桑結的影響力。康熙四十六年，拉藏汗又與新任命的第巴素隆，選立了一名喇嘛爲六世達賴，可是這位新選出的六世達賴卻不能被西藏多數僧侶以及青海諸蒙古承認，並指爲假達賴，而認爲西康理塘人噶桑嘉措才是眞達賴，因而又引起眞假達賴之爭。

拉藏汗執殺桑結嘉措之後，有些桑結的餘黨逃到了伊犂，鼓動準噶爾蒙古的首領策妄阿拉布坦進取西藏，策妄阿拉布坦也正想控制黃教，擴大他在蒙古各部的影響力，於是一面暗中作侵藏準備，一面與拉藏汗結爲兒女親家，以減少拉藏汗的疑慮。

康熙五十六年（一七一七），以護送拉藏汗子婦回藏的名義，策妄阿拉布坦派出六千勁旅，繞道荒涼地區向西藏進發，以免清廷注意。經過長途跋涉，準噶爾大軍終於攻陷了拉薩，殺害了拉藏汗，控制了西藏。準噶爾軍原想乘勝打到青海，搶劫理塘人噶桑嘉措，進一步控制黃教；但被清軍及時發現，並予擊潰，使策妄阿拉布坦的計劃未能實現。

準噶爾大軍在西藏大行屠殺，搶劫財物，非黃教寺院被毀壞的有五百多所。清廷聽到消息以後，康熙皇帝於五十七年六月派侍衛色楞統率大軍，入藏征剿準噶爾部。色楞有勇無謀，輕敵冒進，不知敵情，不適藏地氣候，結果招致全軍覆沒的敗績。清軍慘敗消息傳到北京，滿朝驚震，康熙不顧中外反對，毅然派出第二次遠征大軍，並且任命他的愛子胤禎（後改名胤禵）爲撫遠大將軍，統率三路兵馬，動員號稱三十六萬之眾，希望一舉解決西藏問題。準噶爾兵由於陣亡、病故以及返鄉的人數已多，所以清軍再度來征時他們根本無法抵抗，加上藏人對準部殘虐的反感，因而歡迎清軍到來，「男女老幼，襁負來迎，見我大兵，群擁環繞，鼓奏各種樂器」，清軍不久便平定西藏的動亂，並護送被大家認爲是眞達賴入藏坐床，也解決了化身轉世達賴承襲的問題。

西藏問題實際上牽涉到新疆、青海以及蒙藏、黃教紅教等的複雜問題。康熙皇帝在消滅噶爾丹之後，使清朝在鞏固與擴大邊疆統治方面創造了有利的條件。特別是喀爾喀蒙古在清朝封爵制度下，一時內屬的人口二十二萬多人。康熙末年皇帝兩度派兵討準保藏，更對西藏取得了進一步管理權，日後清廷在西藏設置駐藏大臣、督理政務、以「金瓶掣簽」制度認定繼任達賴喇嘛的靈童、《欽定藏內善後章程》的頒布等等大事，都可以說是在康熙所建立的友好關係基礎上逐步完成的，沒有康熙對青海、西藏地區的這些努力耕耘，雍正以後的那些西藏管理成果是無法獲得的，所以清代中央對西藏統治權的確定與加強，康熙皇帝確實作出了不少的貢獻。

30 康熙主張「國惟一主」

從古以來，中國的君主就有著唯我獨尊、睥睨一切的獨大觀念，總是認爲「普天之下，莫非王土；率海之濱，莫非王臣」，並相信「天無二日，民無二王」的。清朝入關之後，由於繼承了很多傳統漢人的制度與觀念，而順治、康熙這兩代皇帝都深受中國儒家文化的薰陶，這種不平等的、宗主的觀念也深植在他們的心中，「國惟一主」對他們而言，是天經地義的事。

康熙即位之初，由於年輕無法處理政務，國家大事由四個輔政大臣協理，加上他的祖母孝莊皇太后也過問政事，康熙早年確是一個不折不扣的傀儡皇帝。而且輔政大臣中又有專權跋扈的人，常常侵犯皇權，使康熙皇帝深感大權旁落的不滿與痛苦。

等到康熙親政以後，即以清除權臣勢力爲首要任務，以伸張自己的皇權，所以無論是用人或是行政，在御門聽政或是在南書房議政時，他都是表現「大小事務，一人親理」的，大臣們只是「皆受成事」而已。

康熙十二年冬天，吳三桂因撤藩事反清之後，不到半年，東南幾省紛紛響應，使得清朝中央大爲震駭，京中有些官員失去信心，竟「未知所歸」，或是「即遣妻子回原籍」的。後來耿精忠等也加入反清行列，鄭經又西征大陸，形勢變得更危急，可是康熙皇帝卻鎮定地指揮各路大軍，與三藩叛軍作戰。當吳三桂帶兵打到湖南常德、澧州之後，曾請西藏達賴喇嘛致書給康熙皇帝，要求「裂土罷兵」，劃長江爲界，與清朝分治中國。皇帝對喇嘛的請求，給予快速地批駁以及堅毅地用兵的回應。經過八年苦戰，平息了三藩戰亂，得到最後的勝利，國家沒有分裂，在「國惟一主」的情形下，進入了有秩序、有紀律的常規況態。

三藩變亂平定之後，只有在台灣的鄭氏抗清了。鄭氏祖孫三代都是因爲與清朝政府的政治理念與目的不同才反清的。他們除了與清朝不斷作戰外，也舉行過和談，只是和談始終沒有成功。清政府一直希望鄭家在清朝的統一政府下做官，甚至給他們土地、封爵以及一些其他的特權。鄭氏則要比照朝鮮或安南一樣，不剃髮、不聽調遣命令，而有自主的地位。清政府認爲鄭氏是福建的中國人，不能與朝鮮外國人相比，不能同意，最後以武力解決問題。康熙皇帝堅決主張用兵，征討台灣，因爲鄭氏「猶梗王化」，他們不承認「民無二王」，而自己想在海外稱王。

康熙時代，西洋傳教士來華的人很多，皇帝最初對他們的態度也很好。儘管皇帝不信他們的宗教，但並沒有限制他們傳教。尤其皇帝喜愛他們的科學知識，所以任命西洋傳教士做欽天監的官員，掌理天文曆法等事務。他自己又向傳教士學習數學、理化、天文、醫學、語文、音樂等學問。一度極爲信任西醫，爲他看病，並在宮廷中設廠製藥。又鼓勵傳教士翻譯西書爲滿漢文，做了不少中西文化交流的工作。康熙對西洋傳教士如此待遇，主要是當時的傳教士們允許中國教徒祭天祭祖祭孔，而且又遵行清朝法律，皇帝認爲他們爲中國百姓祈福求平安，與佛道兩教無異，當然應該一視同仁，允許「將各處天主堂俱照舊存留，且進香供奉之人仍許照常行走，不必禁止」。可是到了康熙四十六年以後，皇帝態度改變了，對一些傳教士產生了惡感，最後竟下令禁教。這其中的原因，主要的是天主教傳教士發生了內訌，有人向羅馬教廷報告在中國的傳教人准許中國信徒敬拜偶像、祭祖祭孔，這是違反天主教規教義的。教皇乃下令叫在中國傳教的此後不准拜偶像，否則逐出教會，並讓教堂裡懸掛的康熙御書「敬天」二字匾額也必須拆下。派來的專使不聽皇帝的勸告，態度與言論都蔑視中國的皇權與法律。康熙認爲西洋教士既已干涉中國內政，破壞中國敬天祭祖的國本，又以皇教之權高於一切，康熙皇帝根本不能「國惟一主」了，當然必得把教廷的專使逐出國境，西洋天主教也不能准許傳布了。

不但外國人不能對康熙「國惟一主」的主張挑戰，就是他自己的兒孫也不能不承認他是惟一的國主，這事在他晚年廢立儲君的事件上可以很清楚的看得出來。

康熙十四年，皇帝按照漢人古禮，立了嫡長子爲儲君，作爲他的繼承人。可是到了康熙四十七年，皇帝突然宣布廢了這位繼承人皇太子胤礽，因爲胤礽「不遵祖訓」、「暴戾淫亂」、「專擅威權、鳩聚黨與、窺伺朕躬起居行動」。同時胤礽又與大臣結黨，「潛謀大事」，使得康熙帝「未卜今日被鴆，明日遇害」，顯然皇權受到威脅了。後來他因種種原因又恢復了胤礽的皇太子地位，但不久又廢黜了他。理由還是一樣，胤礽「行事乖戾」，「斷非能改」，而且「與惡劣小人結黨」，皇帝恐懼發生「不測之事」。康熙晚年，經過大臣的幾次請求再立儲君，皇帝曾有立一新人的念頭，而且還告訴大臣，他決定不以嫡長爲限，以「擇賢」爲重要條件，不過他特別強調建立皇位繼承人是皇帝的大權，任何貴族大臣都不能過問的，因爲「天下大權，當歸於一」。可惜後來由於皇太后病逝，厄魯特蒙古侵入西藏等大事發生，沒有公開指定皇儲，以致日後宮廷鬥爭、骨肉相殘，造成家族的慘禍。

康熙年間，皇帝堅持「國惟一主」的信念，雖然高度的集中了君權，對國家秩序與統一有些貢獻；但再能幹的皇帝畢竟不是神，他以個人意志對各事作隨意性的判斷、施以專制淫威，有時也未必是正確的，或是成功的。

31 乾綱獨攬的康熙皇帝

桐城派的學者方苞，曾經在南書房裡服務過一段時期，他與康熙皇帝在一起討論學問，判析時事，對皇帝的思想與行事作風都知道很多。他說：「上（指康熙皇帝）臨御天下已五十年，英明果斷，自內閣九卿臺諫，皆受成事，未敢特建一言。」這是說明康熙是個專權的君主，一切大事的決定，屬下大臣們都「未敢特建一言」的。方苞的這番話可信度很高，現在且舉幾件重大事務，作爲印證。

康熙親政後不久，吳三桂等三藩的事件就發生了。三藩是三個明朝投降滿清的降將，他們在入關以及平定南明反清勢力的很多戰爭中都立過大功，清廷便册封他們爲藩王以酬庸他們。到康熙即位後，他們分別在中國西南、東南各省，各自割據，各有重兵，對清廷形成威脅。康熙十二年，平南王尙可喜、平西王吳三桂、靖南王耿精忠先後上書請中央給他們安插，因爲他們的勢力都很大，稍有不愼，作出錯誤的決策，他們便會起來反叛中央的。康熙爲愼重處理此事，曾召集御前會議，商討對策。當時大臣中分成「撤藩」與「不撤藩」兩派，都有理由，互不相讓。主張「不撤藩」的人以爲如果將吳三桂等撤調到別的地方，必將使「沿途地方，民驛受苦」，而藩王屬下部隊，也可能「騷擾地方」，甚至釀成變亂。康熙後來不待大臣們深入討論，他便做了決定撤藩，因爲他已看出吳三桂等藩王「若不即早除之，使其養癰成患，何以善後」，這批大軍閥的惡勢力已成形，「撤亦反，不撤亦反，不若先發制之」。吳三桂等後來果然反淸了，康熙則不妥協也不後悔的對付他，前後打了八年的仗，終於平定了三藩亂事，消滅了地方被軍閥割據的局面。

解決台灣明鄭抗淸的問題也是一樣，康熙先是採取剿撫兼施策略的，等到三藩的勢力被消滅之後，他一心一意要攻打台灣了。儘管福建的地方官有人「請緩師」，有人認爲海上波濤難測，風險很大，沒有制勝把握；可是皇帝排除眾議，任命施琅專征，即使後來鄭克塽願意削髮歸降，康熙也不理他，堅持他的主張，凡「猶梗王化必須用兵撲滅」。他的乾綱獨斷，實際上成了征剿台灣的主要動力，成爲當時統一中國工作的動力。

另外，外蒙首領噶爾丹領兵東侵時，康熙曾率兵親自出征，在第一次戰役中，淸軍在烏蘭布通境地，皇帝曾經召集大臣討論進兵之事，據說當時「眾皆謂不可，獨朕與費揚古以兵爲可進。及至科圖地方，眾皆不欲前發，大臣等勸朕撤兵，朕諭以祭告天地、太廟、社稷，親統兵前來，不見賊蹤，如何驟行撤去，不允所請，將兵前進。噶爾丹聞我兵威，甚是驚懼，鼠竄而去」。這是康熙事後回憶的一段話，但也足以說明他在這一戰役中乾綱獨斷的事實了。

最能說明康熙軍權獨攬，也是可以證實他的這方面作風始終如一的，是他在晚年對西藏的用兵。康熙五十六年，外蒙厄魯特部的勢力又強大起來了，他們襲取了西藏。攻佔了拉薩，殺死了拉藏汗。康熙皇帝爲了穩定青海，控制西藏，決定派兵去征討厄魯特部。第一次因不了解當時的很多情況，清兵統帥輕敵冒進，遭到慘敗。第二次再發出大軍，才打敗入侵西藏的外蒙兵。在這兩次出兵之前，都有不少大臣反對，請求不必用兵，因爲皇帝應該「重內治，輕遠略」。皇帝不聽，結果招來大敗績。可是康熙仍主張繼續動員大軍，入藏安定局勢，因爲皇帝知道，「此時不進兵安藏，賊寇無所忌憚，或煽惑沿邊諸番，部將作何處置耶」，不久外蒙厄魯特被清軍打敗了，清廷對西藏的管理權因而進一步的取得，日後駐藏大臣的設置以及「金瓶掣簽」等制度的建立，都是從康熙這次用兵勝利的基礎上發展出來的。

除了用兵的大戰役之外，皇帝在用人方面也是大權操在自己手中的，我們從他當時的《起居注》等資料中，可以很清楚地看出，文武官員的任命、遣調、升補等等，表面上他會詢問大學士們的意見，但最後決定權都是由他下達的，大臣們只以「聖諭誠然」、「誠如聖諭」或是「皇上睿見極當」等等的話來回應與迎合皇帝的決定，沒有見到大臣反對皇帝決策的。另外康熙又規定任職外省的高官要適時的進京覲見述職；奉旨出外辦公的官員要先「請旨」，後「復命」；還有新上任的官員也要覲見請旨等等。這些也是加強皇帝管理權力的，防範臣工們專橫的，讓臣子們知道「朝廷法度，不敢妄萌邪念」。

康熙為了獨攬大權，又找了一些他信任的大臣，在他特別成立的一個新機構——南書房——裡服務。儘管表面上看南書房是個單純的讀書與論學的場所，但事實上是皇帝與少數核心大臣參與機密的地方，而一切大權又在皇帝的掌控之中。

皇帝為了了解並收集官員與民間的消息資料，他又運用了一種祕密上奏的制度，命令一些他信得過的大臣，在京中或地方給他報告各種消息，以增廣他對國家內外事務的了解。皇帝既能更快並更多的取得各方訊息，當然就可以強化他獨攬政權。

總之，康熙皇帝是位既聰明而又能幹的君主，他用很多方法來幫助他獨攬大權，而他專權所作的一些決策又是多半成功的，這也就是後世人沒有批判他是暴君獨夫的主要原因。

32

康熙爲何建儲又廢儲？

在帝制中國時代，一個皇帝在位時，都會預先立好繼承人，這個未來的皇帝叫做「儲君」。有了儲君，別人也就無法覬覦皇位了，所以大家一直認爲儲君是邦國的根本，建儲是每個朝代的大事之一。滿洲人的祖先與草原游牧民族的淵源較深，與農業民族的漢人在文化習俗上有若干的不同，預立儲君就是他們舊有生活方式裡沒有的，所以在清太祖努爾哈齊建立後金政權後，還是採用由有權的貴族公推自己的首領。入關後，滿族中央領導人顯然受到一點漢人文化影響，順治皇帝在臨死前想伸張自己的皇權，逕行以他的從兄弟爲繼承人，不遵祖先的制度由宗親重臣們公推。不過，他的願望沒有達成，最後還是由他的母親與一批有權勢的親王大臣決定康熙繼承大位，可見當時順治皇帝有心對繼承皇位的制度作一改革，但守舊的力量仍然很大，也可以說最後還是旗權（八旗貴族的權）戰勝了皇權。

康熙皇帝八歲繼承皇位，因爲年紀太小，所以由四位大臣輔政，幫他處理政務。輔政大臣中鰲拜又特別專橫跋扈，加上皇帝的祖母也有實力，連輔政大臣們「裁決庶務」也要「入白太后」，因此康熙在即位之初，根本只是一個有名無實的皇帝。隨著年齡的增長，康熙在十四歲時按規定親政了，後來他又陸續地清除了鰲拜等輔政大臣的惡勢力，從此他一心一意的要集權中央、提高皇權，做個眞正有實權的皇帝。他在康熙十四年底預立儲君，也是他伸張皇權的一種表示。

康熙不但當皇帝時年輕，他當父親時年紀也不大。他的第一個兒子是在康熙六年誕生的，但不是嫡妻所生。在他眾多的兒子當中，嫡而居長的是誠孝仁皇后赫舍里氏所生的一男，初名保成，後來改名爲胤礽。胤礽生於康熙十三年（一六七四）五月初三日，其母仁皇后因難產於同一天逝世，康熙非常悲傷，曾爲此事「輟朝五日」，這是他即位以來的第一次。第二年十二月十三日，康熙皇帝以祖母太皇太后之命，冊立胤礽爲皇太子，典禮非常隆重，除派遣官員祭天地、太廟、社稷之外，皇帝還特別頒詔天下，說些「自古帝王繼天立極，撫御寰區，必建立元儲，懋隆國本，以綿宗社無疆之休」以及「授胤礽以冊寶，立爲皇太子，正位東宮，以重萬年之統，以繫四海之心」的話。事實上，康熙皇帝的立儲是削弱旗權的一種手段，同時在他建儲的當時，正值吳三桂等三藩起兵抗清，天下大亂，清廷統治地位受到空前震撼之時，康熙在此時建儲多少有著安定人心的作用，而且也向漢人表示他在認同中國傳統的文化制度，因爲他立嫡立長，一切祭告儀注都按漢人古禮行事，所以他是有政治與文化雙重目的的。

康熙皇帝立了皇太子以後，也確實想把胤礽培養成一個理想的接班人，因而對這位儲君的生活與教育都非常關注。胤礽在髫齡時即就讀中國古書，早期甚至還由皇帝每天親自教他四書五經，另外又命令朝中的儒臣張英、熊賜履、湯斌、耿介等人先後擔任老師，悉心教導。每日還有滿蒙文字以及騎射的課程，希望把胤礽訓練成爲一個允文允武的未來天子。不僅如此，康熙有時出巡時也帶著胤礽同行，爲的是增廣他的見聞。還有在康熙三十五、六年間，皇帝帶兵親征外蒙古厄魯特時，留胤礽在北京理政，藉以訓練他處理大事的能力。康熙對這位儲君的用心堪稱良苦。

可是到了康熙四十七年，皇帝突然向大家宣布說胤礽「不法祖德，不遵朕諭」，「肆惡虐眾，暴戾淫亂」，決定廢儲，即取消胤礽的繼承人地位。一時朝野驚震，康熙其他有野心的兒子當然就乘機活動起來，互相結黨，從事爭繼的鬥爭。康熙看到情形可怕，於是在第二年三月，即宣布廢儲後約半年的時間，又降旨說胤礽的「語言顚倒，竟類狂易之疾」，「已漸痊可」，因而又復立他爲皇太子，恢復了他繼承人的身分。可是胤礽不知道改善他與父親以及兄弟們的關係，相反的彼此間的鬥爭愈演愈烈，終於在康熙五十一年十月間，皇帝忍無可忍的再一次宣布廢儲，說胤礽「乖戾如故，卒無悔意」，而且「狂疾益增，暴戾僭越，迷惑轉甚」。皇帝並下命將胤礽加以禁錮，自此不再談建儲的事。康熙朝儲君立而廢、廢而復立、復立而又復廢的事，在中國歷史上是罕見的，英明的康熙皇帝爲什麼會做出這樣的事呢？以下的幾點原因也許可以作爲參考：

一、政治鬥爭的結果：

康熙一朝有不少大臣結黨互相傾軋，特別是索額圖與明珠爲首的兩大黨派之爭，延續了很多年。索額圖是胤礽的外叔公，與胤礽關係極爲親密，勢力也很強大。明珠則結合了一些滿漢重臣，以陰險手段，陷害異己。明珠一派爲長久著想，非打倒皇太子不可！否則胤礽一朝即位，他們必死無疑。因此他們鎖定皇太子爲目標，全力打擊。最後令皇帝感到索額圖等人有「謀逆」情事，皇太子既捲入了這場政治鬥爭，當然也就不能保全其地位，廢儲成了必然的事。

二、滿族文化的反動：

康熙皇帝以胤礽爲儲君完全是採行漢人的古制，是漢化的一種表現，在當時未必能爲眾多滿洲親貴所能接受，反對他漢化的必有人在。他在康熙四十七年初廢胤礽時，在告天的祭文中提到「臣雖有眾子，遠不及臣」，可見他已經不再以嫡長爲唯一條件了。到他晚年，他更向大臣們公開說以後如果要再立儲君，一定不限嫡長，而是擇賢而立，幾乎又回歸到游牧民族選首領的老舊方式；可見滿族文化的反動是一項因素。

三、胤礽本身的缺陷：

康熙皇帝廢黜皇太子胤礽時說他「不遵教誨」、「暴戾淫亂」、「賦性奢侈」、「絕無友愛之意」等等，應該都是實情。胤礽雖然在眾多名師教導下，學問精進，能詩能文，書法亦佳，表面上看他算得上是個精勤博雅的儒者；但是從他對待師長與兄弟們的態度上看，他絕無溫良恭謙的品格。誠如康熙說的：「若以此不孝不仁之人爲君，其如祖業何？」當然胤礽這些個性上的缺失，與康熙多年來縱之太過有關。

四、康熙個人漢化的態度：

清朝自入關以來，康熙一朝漢化的事實最多又最顯著，在政治、社會、文化等等方面都仿行了不少漢人的典章制度，立儲就是其一。不過，康熙皇帝的漢化態度是值得我們注意的。他雖然恢復明朝的內閣、翰林院這些機關衙門，但是他仍以內務府代替太監的十三衙門，因爲他怕明朝宦官專政的事重現於清代。他親政後不久即設置起居注館，爲皇帝記錄日常大事，原本是想爲皇帝留下一些「爲萬世法則」文字的；但是當康熙發現起居注官洩露宮中機密時，他就將這個衙門裁撤掉了。所以他並非盲目的漢化，而是選擇有利有益於國家的才漢化。立儲也是一樣，當他發現儲君對皇權侵犯、對國家有害時，他當然就廢儲了。

康熙皇帝在位六十一年，是中國歷史上少見享國如此之久的皇帝，他到晚年也眞是子孫滿堂了，本可算是一位福壽雙全的好命天子。不過，晚年的廢儲事件以及隨之而起的皇子爭繼，引起了皇家兄弟骨肉相殘，使他痛苦萬分，成爲他生命中美中不足的大憾事。

33 康熙的開海與禁海政策

中國自唐宋以後，由於海外貿易的擴大，出洋的人民也逐漸增多，尤其到明朝末年，禁海政策廢弛，海外貿易的人更是增加。清朝定鼎北京後不久，爲了消除東南沿海地區的抗清勢力，曾於順治十二年（一六五五）下令實行禁海政策，即在「沿海各省，無許片帆入海，違者置重典」。順治十八年，清廷又下令沿海遷界，將居民內徙，於是「濱海數千里，復無人煙」。禁海與遷界使得明代已發展起來的海上貿易活動幾乎完全停頓，中外經濟聯繫乃處於斷絕狀態，其結果使大陸的各種手工業、農業產品銷路大減，貨幣奇缺，市場緊縮，整個國家的經濟發展都受到很大的不利影響。儘管不少大臣上奏，向皇帝說明禁海的弊端，例如有人指出：

自遷海既嚴，而片帆不許出洋矣，生銀之兩途並絕。……銀日用日虧，別無補益之路，用既虧而愈急，終無生息之期，如是求財之裕，求用之舒，何異塞水源而望其流之溢也。豈惟舒裕爲難，而匱詘之憂，日甚一日，將有不可勝言者矣。……可知未禁之日，歲進若干之銀，既禁之後，歲減若干之利，揆此二十年來，所坐棄之金銀，不可以億萬計。

也有人說：

不許片板入海，既今二十年矣。流通之銀日銷而壅滯之貨莫售。……近來各物值頗賤而買者反少，民情拮据，商賈虧折，大非二十年前可比。

這是康熙皇帝與三藩戰爭時期的情況，大臣們反映的是財源杜絕，民生窮困以及經濟大倒退的現象。皇帝自己也了解禁海使得「濱海居民海鹽、蠶絲、耕獲之利咸失其業」；可是爲了消滅台灣鄭氏的反淸力量，爲了國家的統一與長治久安，他還是堅持禁海，直到康熙二十二年施琅征台，逼使鄭克塽降淸之後，淸廷才下令沿海各省「先定海禁處分之禁令，應盡行廢止」，重新開海了，從此中國與南洋、西歐等地區的貿易有了迅速的發展機會。不久康熙皇帝又下令在廣東、福建、浙江、江南等省設立海關，負責管理對外貿易並徵收關稅，准許沿海人民造船和出海捕魚，一時沿海人民經濟生活大為改善，皇帝也眞實感受到了開海設關「既可充閩粵兵餉，以免腹地省分轉輸之勞」，而對於「邊海生民有益」。在中央與地方的一致努力下，清朝沿海與內地經濟很快得到了恢復與發展。根據清代官方現存的史料，我們可以看出，當時西歐來華貿易的船隻就不斷的增多，西歐輸入中國的商品，約分兩大部分，一是從南洋轉運來的如香料、藥材、棉花、黑鉛、魚翅等等，一是直接從歐洲運來的毛布紡織物、自鳴鐘、玻璃鏡、儀器等工業產品。歐洲來船從中國帶回去的物品則以茶葉、生絲、綢緞、瓷器等為大宗，而外國來船都是「載銀來置貨」。中國在對歐貿易上每年都是出超的，而且白銀不斷的流入，這對當時國內經濟非常有利，清代盛世的成因多少與此有關。

康熙皇帝本人對於歐洲貿易是十分關心的，他不但下令要廣東海關對洋船的徵收額稅減去「十之二」，以示「懷遠」，實際上是鼓勵他們來華。同時也要求各海關所在地的總督、巡撫，在「西洋船到時問明速報」，以了解貿易情形。可是經過三十多年的繁榮景象之後，康熙皇帝突然又宣布部分的海禁政策了。他在康熙五十六年，因為發現「內地之米，下海者甚多」，蘇州船廠「每年造船出海貿易者，多至千餘，回來者不過十之五、六」以及「海外呂宋、噶羅巴（按指巴達維亞，即今雅加達）兩處地方……彼處藏匿盜賊甚多」等原因，所以他命令「內地商船，東洋（日本）行走猶可，南洋不許行走。……至於外國商船，聽其自來，包括澳門洋商也可以來去南洋」。皇帝之所以如此的部分禁海，一則是防止國內糧食被販賣到南洋，引起內地糧價的上漲。另一原因是當時外蒙準噶爾出兵入侵西藏，康熙派大軍西征，他怕東南沿海再起爭端，朝廷無暇也無力從事兩方面的事件處理，所以下令禁華人出海去南洋，尤其不許將國內的民生物資偷運到海外。儘管這次禁海不是全面的，不影響西歐與日本的貿易，而且康熙死後不久又開禁了；但是對於沿海商民來說，還是有不少影響。誠如當時的官吏所說：「濱海民人生業盡在番舶，禁絕之則土貨滯積，生計無聊。」這也是雍正皇帝繼承皇位後不久又開海禁的原因。

從康熙年間清廷的禁海、開海與再禁海的政策上看，皇帝很清楚的了解禁海使國家財政枯竭，百姓生活困苦，所以他在台灣鄭氏反清勢力清除後，熱心的開了海禁。可是到康熙末年，他發現米糧出洋，影響國內物價，而南洋「多聚漢人」，並恐怕「吾民作奸勾夷」，再造成東南沿海的動亂不安，所以他又下達了禁海的命令。康熙皇帝確實是一位務實的君主，一切以國家安全、滿族統治權為前提。當人民與地方的利益高過中央利益時，或是地方利益與中央利益衝突時，不管人民與地方的利益有多重要，他總是以國家利益作最先考量，禁海與開海的政策是如此，很多其他的政策也是一樣。

34 康熙對文字獄案的處理

文字獄案，在清代以前就常常發生了。司馬遷、魏收等史學家都是著名文字獄案的犧牲者。明太祖洪武年間，更是常見一些莫名其妙的文字獄案，一個人竟會因在詩文中用了一個「光」字、「生」字而被皇帝以爲諷刺出家爲僧或是光頭等事遭到殺身之禍的。不過清代以前的文字獄，多係出自專制淫威，因君主一人的憎怒而起。獄案受害的也只及當事人，而無牽連之事，更談不上影響到學術的進步與民族思想的發展。清代的文字獄則與前代不同，爲禍之烈，影響之深，都是中國歷史上少見的。

清朝入關後的第一代君主順治皇帝，初年因皇叔多爾袞攝政，同時又正值平息國內反清勢力，根本無暇也無法關注到知識分子的文字問題。即使到皇帝親政之後，對於抱有故國思想，或是將孤忠憤怒形諸文字的，政府也往往採取不聞不問的態度。甚至王夫之寫出「即使桓溫輩成功而篡，猶賢於戴異族以爲中國主」，或是有人寫「掃除胡種落，光復漢威儀」的詩句，也都毫無禁忌。康熙皇帝繼承之後，他以崇儒重道爲國策，當然對知識分子是尊重的。對於一些懷有民族思想的遺老遺臣，基本上是以懷柔手段來對付的。他不斷地詔舉山林隱逸、開博學宏儒科、修纂明史等等，都是他羅致節義之士、潛消反清思想的方法，因此對於一般文人學者因文字不當或詩詞犯禁的常常都是從輕發落。像鄒流騎刻印吳梅村的《鹿樵紀聞》（一名《綏寇紀略》），雖有凡例中大事記「似爲蛇足」，又私藏明季史料例干法禁等問題，康熙並未興大案查辦。陳鵬年的〈虎丘〉詩也被人斷章取義，摘出「一任鷗盟數往還」詩句說鵬年陰通台灣鄭氏。康熙大不以爲然，並且對大臣說：「詩人諷詠，各有寄託，豈可有意羅織，以入人命？」可見他的開明態度。

然而，康熙一朝對文字獄案的處理也是有一定原則的，他們的正統地位不能被否定，他們的國家安全不能受侵害。以下幾件文字獄案最能說明這一方面的事實。

康熙剛即位不久，就發生了莊廷鑨的《明史》大案。莊廷鑨是浙江湖州人，他雙目失明，但有志效法左丘明編纂史書。他的父親莊允城爲了完成兒子的心願，在順治末年買回了一套《明朝諸臣列傳》的稿本，並延聘了一批文人學士增訂改修，歷五年而成書，號曰《明書》。不過這部書裡有指斥滿清的文字，又直呼清太祖的名諱；指孔有德、耿仲明降清爲叛明；又不書滿清在關外年號；而於隆武、永曆之即位正朔必大書之。結果經人告發，因而興起了一場大獄。當時莊廷鑨已死，詔戮其屍；其他莊家兄弟子孫以及爲該書作序的、刻印的、校訂的、甚至販賣的很多人，都遭到殺身或發配邊疆的處分，一說此案牽連人命七十多條，也有說被處死的有二百二十一人，眞可算悽慘絕倫。牽連之廣，也是前史未見。當然這件文字獄案發生時康熙尚未親政，不過清廷對文人思想反抗的處理方式由此可以看出一些端倪了。

康熙二十年七月，翰林院侍講王鴻緒上書告發湖廣地區朱方旦邪敎煽惑案件，皇帝命有關衙門查辦，到第二年二月，案子查辦清楚了，清代官書裡是這樣記載的：

王鴻緒疏參朱方旦，自號二眉道人，陽托修煉之名，陰挾欺世之說，廣招黨羽，私刻祕書。其書有曰：古號爲聖賢者，安知中道？中道在我山根之上，兩眉之間。其根互相標榜，有顧齊宏者曰：古之尼山，今之眉山也。陸光旭則曰：孔子後二千二百餘年而有吾師眉山夫子。朱程精理而不精數，大儒之小用；老莊言道而不言功，神仙之術虛等語。皆刊書流布，蠱惑庸愚，侮慢先聖，乞正典刑，以維世道。經湖廣總督王新命審實具題，朱方旦詭立邪說，妄言休咎，煽惑愚民，誣罔悖逆，應立斬。顧齊宏、陸光旭、翟鳳彩甘稱弟子，造刻邪書，俱斬監候。從之。

另據資料，這一獄案是王鴻緒看到了朱光旦的刻書，發現書中有意略去帝王臣庶的階級，又發明記憶在腦不在心的異說，因而列出「誣罔君上、悖逆聖道、搖惑民心」三大罪狀以及「廣田宅、爲子納官、交結勢要」、「招致羽黨，常聚至數千人」等不法事實。說朱光旦「雖漢之張角、元之劉福通，亦不過以是術釀亂」。可見朱光旦的案子是借文字而興的，實際上則是怕他惑眾釀亂，動搖國家根本。

康熙五十年發生的戴名世《南山集》案也是典型的思想意識問題。戴氏安徽人，他在康熙四十八年已是五十七歲高齡時還參加清朝的會試、殿試，並考中了一甲二名，當起翰林院編修的職位，可見他不是反清復明的節義之士。不過他自幼就喜愛史書，對修史體例尤其有研究，有一次他給學生寫信時發洩了他對明朝亡國的一些感情，他說：「今以弘光之帝南京；隆武之帝閩越；永曆之帝兩粵、帝滇黔，地方數千里，首尾十七、八年，揆以《春秋》之義，豈遽不如昭烈之爲蜀，帝昺之在崖州，而其事漸以滅沒！」又在〈與弟子倪生書〉中談到修史之例時，說得更坦白：「本朝當以康熙壬寅爲定鼎之始，世祖雖入關十八年，時三藩未平，明祀未絕，若循蜀漢之例，則順治不得爲正統。」這些言論以及他的老友方孝標的著作《鈍齋文集》、《滇黔紀聞》等書都被他的學生一起刻印在爲他祝壽的《南山集》中，學生們原想以此作爲對老師尊敬的一份獻禮；但沒有想到「文禁方寬」的時候仍然興起一場文字大獄。右都御史趙申喬參奏戴名世「妄竊文名，恃才放蕩，……私刻文集，肆口游談，倒置是非，語多狂悖」。經過九卿大臣們審查之後，認爲《南山集》一書，確實「多屬悖亂之語，罔識君親大義，國法之所不宥，文理之所不容」，因爲清朝入主中國，是「得天下之正，千古之所未有也」。刑部並認爲戴名世犯了如此大罪，應處以「寸磔」的極刑，他的家族則「皆棄市，未及冠笄者發邊」。其他作序、捐資刊印以及藏板的有關人員都該分別治罪，一時牽連了幾百人。據說康熙皇帝看了刑部判決的報告書都「爲之惻然」，覺得涉及的人士太多，當最後定讞時，皇帝降諭除將戴名世處斬外，若干牽連的人犯「俱從寬免治罪，著入旗」，「得恩旨全活者三百餘人」。康熙末年的這件歷史文字獄，比起初年的莊氏史案，實在「格外開恩」，處罰得輕了。這是康熙不同於早年守舊輔政大臣之處，他不想得罪更多的漢族知識分子，也藉以表現他個人的威中有恩。不過，有一點原則是淸楚的，就是對於思想有反叛的人絕不寬恕，淸朝的正統地位不得懷疑，更不容否定，無論是滿族祖先的諡號廟號年號都得尊重、被承認，莊廷鑨與戴名世都是犯了這些忌諱，當然應該處罰。朱光旦則是向朱程心學挑戰，向國家安全挑戰，更是不能容許他的存在了。

由此可知：康熙朝的文字獄案都是因干犯了正統意識或是影響到皇權與政權安定而興起的，與乾隆朝因薄物細故、文字上的小問題而鬧出一場文字大獄很有不同。

35 康熙千叟宴

康熙皇帝生於順治十一年三月十八日，八歲即位，到康熙五十二年，正是他六十大壽的時候。他爲享國年久感到高興，曾對大臣們說：「屈指春秋，年屆六旬矣。覽自秦漢以下，稱帝者一百九十有三，享祚綿長，無如朕之久者。」這一年正月裡，可能是在官員們的策劃下，各界人士紛紛表示要爲皇帝祝壽。若從身分上講，這些人民中包括官紳士農，若就地域說，則有京中與外省，甚至有遠至百里千里外的。這一年的三月初一日，皇帝降諭說：「朕昨進京，見各處爲朕六十壽誕慶賀保安祈福者，不計其數。」他很自謙的表示「朕實涼德，自覺愧汗」。到了初八日，他又下令給大學士等人，提到「各省爲祝壽來京者甚眾，其中老人更多，皆非本地人，時屆春間，寒熱不均，或有水土不服，亦未可知」，因此他叫大學士傳諭漢官等「倘有一二有恙者，即令太醫院看治，務得實惠，以示朕愛養耆老之至意」。爲了體恤各地老人，皇帝在十一日又下了一道命令給南書房的翰林們說：

聞各省祝萬壽老人，俱於十七日在西直門外本省龍棚下，齊集接駕。十八日至正陽門內，聽禮部指地方行禮，行禮後，若再至龍棚，恐城門擁擠，年老之人，實有未便。況十七日，朕進宮時，經過各省龍棚，老人已得從容瞻仰，十八日行禮後，老人不必再至龍棚下接駕。爾等傳與各省漢官，遍諭各省老人知悉。

第二天，皇帝又命「各省年老官員來京祝萬壽者甚多，此內除本身犯罪官員外，或有因公墨誤、降級革職者，俱酌量復還原品」，顯然是皇帝又給年老官員們一些「恩澤」了。

皇帝生日的前一天，即三月十七日，清代官書裡對各地老人迎駕情形，作了這樣一番描寫：

上奉皇太后自暢春園回宮，直隸各省官員士庶，夾道羅拜，歡迎御輦，耆老等跪獻萬年壽觴。上停輦慰勞，徧賜老人壽桃及食品，諸王、貝勒、貝子、公、宗室覺羅人等及文武大臣官員兵丁，並於誦經處跪迎，上霽容俯視，皆賜以食品。

皇帝有感於各地老人來京的盛情，乃向大學士們宣稱：

> 今歲天下老人，爲朕六旬大慶，皆從數千里匍匐而來，如何令其空歸，欲賜伊等筵宴，然後遣回。

這就是千叟大宴的由來。當天皇帝並令大臣們將各族群來賀官民年齡超過六十五歲的呈報上來，在三月「二十二、三日內，擇一日賜宴」。

後來也許是因爲籌備不及的原因，大宴延到三月二十五日才在暢春園正門前舉行。這一天先宴請了「直隸各省漢大臣、官員、士庶人等年九十以上者三十三人，八十以上者五百三十八人，七十以上者一千八百二十三人，六十五以上者，一千八百四十六人」。皇帝爲了尊敬老人，特別叫領侍衛內大臣公阿靈阿等傳諭眾老人說：

> 今日之宴，朕遣子孫宗室，執爵授飲，分頒食品，爾等與宴時，勿得起立，以示朕優待老人至意。

在宴會舉行之中，皇帝又命令將八十歲以上老人，扶掖到他的面前，他親自招待他們飲酒。並且又賜給李光地、王掞、宋犖、彭會淇、祖良璧、黃象坤、王世臣等現任或退休官員袍帽等用品。賞賜各地來的老人「九十歲者人各賞銀十兩，八十歲以上者人各賞銀八兩，七十歲以上者人各賞銀六兩，六十五歲以上者，亦各賞銀一兩」。

同月二十七日又在暢春園正門外宴請「八旗滿洲、蒙古、漢軍、大臣官員、護軍、兵丁、閒散人等年九十以上者七人，八十以上者一百九十二人，七十以上者一千三百九十四人，六十五以上者一千十二人」。也是由諸皇子「出視頒賜食品，宗室子執爵授飲」，請八十歲以上老人到御前由皇帝「親視飲酒」，大宴之後也賜給少數大臣袍帽，賞老人「白金有差」。

從以上簡單說明可知，康熙五十二年三月，皇帝曾兩次大宴老人，每次總人數都在千人之上，但是清朝官書裡並未出現過「千叟宴」的字樣。

康熙六十一年春正月，皇帝一則因爲登基已超過了六十年，再則自己感到全國人丁增加，民生富庶十分欣慰。乃在初二日宴請「八旗滿洲蒙古漢軍文武大臣官員及致仕退斥人員，年六十五以上者六百八十人」，地點是在紫禁城內的乾清宮。初五日又在同一地點召宴「漢文武大臣官員及致仕退斥人員，年六十五以上者三百四十人」。對於這兩次不同族群大臣們的宴會，雖然都是「命諸王、貝勒、貝子、公及閒散宗室等，授爵勸飲，分頒食品」；但是初五日對漢大臣們的宴飲多了一項節目，即皇帝先寫了一首七言律詩，然後「命與宴大臣官員，各作詩記其盛，名曰千叟宴詩」。

由此可知：康熙六十一年的宴請老人，兩次都不足千人，規模不能與五十二年的相比；但是

「千叟宴」的名稱卻出現在實際上沒有千人參加的宴會上了。

康熙時代舉行了兩次招待老人的大宴，餐宴的內容詳情因史料不足，無法考證。不過康熙皇帝的孫子乾隆皇帝，事事都想學他祖父，因此他也舉行過千叟宴，其規模不亞於康熙時代，而鋪張浪費則不是康熙朝所能匹比。據可靠檔案記載，乾隆千叟宴參加人員除滿蒙漢等不同族屬老人外，又有外國來使，包括西洋、外藩老人。宴會過程中又講求配以音樂、分坐來示別官階身分，以表現皇帝的威儀。皇帝在宴後賞賜給大臣的物品則包括殿本書、如意、壽杖、朝珠、貂皮、繒綺、文玩、銀牌，不像康熙時賞白銀那樣的俗氣。

另據《內務府清冊・財務類》以及《御茶膳房簿冊》所記：乾隆五十年第一次千叟宴，席開八百多桌，以次等桌（即招待三品至九品官員）的菜肴來說，每席擺出膳品爲火鍋二個（銅製）、豬肉片一個、煺羊肉片一個、煺羊肉一盤、燒炮肉一盤、蒸食壽意一盤、爐食壽意一盤、螺獅盒小菜二個、烏木筯二隻，另備肉絲燙飯。至於一等桌則加多鹿尾燒鹿肉一盤、葷菜四盤碗。

內務府葷局與點心局在備辦宴席時，僅燒用的柴爲三千八百四十八斤，炭四百一十二斤，煤三百斤。

至於辦一次千叟宴總共需要花費多少銀兩，現在無法查考。若以乾隆五十年的一次爲例，頭一年兩淮鹽商就向皇帝「恭進銀一百萬兩」來看（乾隆後來沒有賞收這筆銀子），所費必然超過一百萬兩的幾倍呢！

中國歷史上皇帝宴請大臣的事例很多，如打勝仗之後慶功的凱旋宴，重大圖書文獻出版後的修書宴，慶賀考生中榜的鹿鳴宴，皇帝經筵禮成的經筵宴，過年前的除夕宴，皇家大喜萬壽的宮廷大宴等等，不過像清朝康熙、乾隆兩朝舉行的「千叟宴」，則是歷史上不見的，或者可以說是空前絕後的。千叟宴詩雖是歌功頌德者多，但也能記一時之盛，爲文壇留下佳話。

36

康熙與清朝太監

漢代與唐代的太監都曾經以擅作威福在歷史上出過名；而明代的太監則是可怕，他們處處干政、時時干政，成爲明代滅亡的一個原因。滿洲人建立大清之後，鑒於明末太監權勢過重，乃不設明代太監的衙門，而以自創的內務府來爲皇家服務，並管理太監。

在清政府定鼎北京之後，投降的明代太監人數還不少，他們在朝廷仍擔任很多有關禮儀的工作。這些太監們餘威尚存，他們「仍依照明制，每遇朝參，行禮都在文武諸臣之前」。滿洲新貴當然不能容忍他們，曾給予嚴重的打擊。不過後來順治皇帝親政了，他雖然一邊大大的限制太監的權力與活動，如官品不得過四品，不許他們結交外官，不許他們離開皇城，不得購屋等等；但是他執行的不嚴，而且後來因與滿洲貴族爭權，皇帝又依恃與利用了太監，致使太監的權勢有坐大的事實。康熙皇帝即位之後，形勢又有了改觀，他厲行順治朝制定的法令，並新創管理太監的單位與規章，重重的打壓了太監一番，太監只得當「內廷差事」的奴婢了。

康熙皇帝一直認爲太監是最下賤的一群人，說他們「原屬陰類，其心性與常人不同」。因此他親政後不久，便在內務府衙門成立了一個叫「敬事房」的機關，專門管理太監，要每個太監都「敬謹畏法，小心供役」，不可稍存僭越之念。

儘管皇帝對太監著意打擊，但是宮廷裡太監人多，他們的品質又差，在康熙執政的六十年間，太監犯罪的事仍是時有所聞的，現在略舉現存於滿漢文檔案中的小部分記事，以說明當時太監的犯法情形：

康熙二十九年二月，宮裡太監孔成持刀刎頸，企圖自殺，被人發現。敬事房的執事官員認爲孔成是宮院行走之人，「持有刃物刎頸，甚可惡，擬將孔成即議奏斬決」。康熙皇帝對敬事房官員的建議稍作修改，判「孔成擬斬罪，候秋決」。反正太監在內宮裡持有凶器一定是處死的。

康熙三十三年，太監錢文才、李進學等打死了老百姓徐工，刑部判錢文才等「應絞監候」，皇帝則認爲「太監殺人，斷不可宥，尤宜加等治罪。……至秋審時勿令倖免」。

康熙五十年秋天，太監劉進朝在宮外開店，竟容許強盜方貴等人居留，並將明知他們偷盜來的衣物折價算住店費用。案發後，刑部判方貴、劉進朝等充軍黑龍江，皇帝則認爲判得太輕，下令「應當正法」。

康熙五十三年六月底，南府與景山兩處的太監於夜間點燈聚賭，查獲之後，總管太監認爲參加賭博的太監郭二、單養性、姚國柱、何金忠等人違禁，「殊屬可惡」，給予他們「各枷號兩個月、鞭百」的處分。不過皇帝批示：郭二、單養性、何金忠三人依例枷號兩月、鞭百，姚國柱則「暫放，抵京後依議治罪」。最後在結案時，康熙皇帝又將一些太監的長官因管理屬下不嚴，而給予鞭打或罰俸。

康熙六十一年九月，宮中太監金廷林與李金玉、劉義等飲酒，金廷林酒後發瘋，高聲叫罵，連管事太監勸阻都不聽，反以刀帶子與管事大太監拚命。這件事經內務府官員審理後，查證屬實，以金廷林雖未持刀，但繫有刀帶子，且又謾罵主管，酒醉發瘋，其行厭惡之極，擬斬監、候秋後處決，李金玉、劉義等人則各加枷號兩月，責一百鞭。

以上只是康熙朝太監犯罪案件中的一小部分，相信已經可以說明當日情形的一斑了。康熙皇帝對太監的爲非作歹是不予姑息與寬宥的，而且也逐漸形成了一些處分宮中太監的成例，以作爲日後的依據。這些成例到乾隆時代就被編集成了法典，收錄在《欽定宮中現行則例》，作爲後世處分太監的法律依據。例如《則例》裡所載的一些條文，像「宮中禁地不許口角鬥毆，犯者如係首領，罰月銀六個月；如係太監，重責六十板」。又如「宮中禁地，不許白日飲酒酗醉，犯者如係首領，罰月銀六個月；如係太監，重責六十板」。還有「宮中禁地，不許相聚賭博，犯者如係首領，罰月銀六個月；如係太監，重責六十板」以及「凡無故持刀入殿或裝瘋鬧事者，均處以絞監候」等等，都可以說是從康熙時代傳流下來的處罰太監家法發展而成的，只是處分稍爲減輕了一些，並將「鞭責」改成「板責」。

「板責」或「杖責」是清宮中對一般太監常用的刑罰。刑板與刑杖都是用竹子做成的，其中刑杖是長五尺、圓五分的實心青竹。刑板則爲長五尺、寬五分的青毛竹板。受刑的太監就是以這種竹棍或竹板在屁股上重打，打到皮開肉綻爲止。尤其在宮殿內行刑時，皇帝常命貴族或主管監刑，行刑的人不能稍有徇情，否則自己也可能被罰的。

整個清代，除了順治朝的太監尚有明末的餘威，嘉慶朝發生紫禁城「謀逆叛亂」事件以及清末安得海、李蓮英等擴張太監權勢之外，一般說來，太監只是清宮中的下賤奴僕，一切行動都是受到嚴厲法規管制的，他們不能干政，更無從亂國，這些都是康熙皇帝成立敬事房並以嚴懲太監所奠基的。清代太監不能爲患，應該可以說是康熙政策正確的結果。

37 康熙與木蘭圍場

康熙二十年（一六八一）三月二十日，皇帝陪同祖母孝莊太皇太后去遵化溫泉，其後他帶著滿漢大臣與八旗禁旅，出喜峰口，經寬城，進入內蒙古喀爾沁旗，會合蒙古各盟旗王公貴族及喀爾沁蒙古騎兵，北上越錫爾哈河、陰河等地，沿途習武狩獵，到四月二十二日，駐蹕達希喀布齊爾地方，大宴喀爾沁王札錫與公吳特巴喇以及其屬下人等，並賜給袍帽、佩刀、鞍轡、緞紗、銀兩等物。《康熙起居注》裡記：「以上諸人，因前往相度地勢，酌設圍場，故加賞之。」清朝的木蘭圍場就在康熙皇帝這次親自走訪勘察後，以「喀爾沁、敖漢、翁牛特諸旗敬獻」的名義設置了。「木蘭」（Muran）是滿語，意為「哨鹿」。這座圍場位於現在河北省圍場縣，距避暑山莊一百多公里。圍場佔地總面積有一萬多平方公里，北面是平均海拔一千四百公尺以上的壩上高原，南面是地勢較低的燕山山脈。境內山巒綿亙，雨量充沛，森林密布，清泉縈繞，各類飛禽走獸極多，加上地形複雜，很合適訓練滿蒙騎兵越高山奔平地等的騎射技術。

康熙皇帝自設置圍場後，幾乎每年都來這裡舉行秋獮。這種射獵的活動規模很大，以康熙二十二年爲例，皇帝曾命令清朝本身就必須每年有一萬二千人分三班赴口外行圍，各部院的官員也必須參加，主要目的是「令其嫻習騎射」。另外每次舉行木蘭行圍時，各地蒙古王公貴族也要率領屬下來參加，通常都有上千的騎兵、嚮導、隨圍槍手、長槍手參加，協同狩獵。

每年行圍的時間，通常在秋天，前後需要二十天左右。每天黎明前，滿蒙管圍大臣率領各管屬騎兵向圍地進發，各軍必須嚴守紀律，整齊劃一，違反的以軍法治之。各組騎兵到達指定圍場後，形成一個方圍數十里的地面，並從四方逐漸縮小包圍圈。皇帝則率大臣、侍衛、射生手等在日出前進入圍場，由皇帝與皇太子等先射獵，當包圍狩獵的圍子縮小到相當程度時，戴著仿製鹿頭帽的侍衛，吹起木製的長哨，像似雄鹿求偶的聲音，皇帝自行狩獵或下令眾人出擊，一時「雷動猋至，星流霆擊」，聲勢浩大異常，各種野獸都遭到圍攻殺戮的命運。一天的行圍，猶如一天短兵相接的戰鬥，皇帝就以此來訓練戰士們作戰，他認爲武備不懈，才能維護國家。

每天狩獵完畢之後，滿蒙各組軍隊計算各自獵得的獸類，「陳牲數獲」，皇帝再論功行賞，以鼓勵「戰功」高的單位。然後又爲了慰勞大家一天的辛勞，命令各組軍人點起千百堆篝火，舉行野餐，烤食大家獵得的野味。二十天後，木蘭行圍結束時，又舉行大型的慶功與惜別宴會，有蒙古音樂家吹奏助興，大家狂歌痛飲，並有摔跤比武大賽，氣氛歡樂融洽，以爲「木蘭秋獮」畫下暫時的休止符。可見清朝舉辦這樣大型的狩獵活動，不但是一場軍事技能的測驗運動，同時也是滿蒙高層首長的一種聯誼活動。

自木蘭圍場設置後，除了康熙二十一年因籌畫與俄國進行雅克薩戰爭以及康熙三十五年皇帝親征外蒙噶爾丹沒有舉行秋獮外，其餘每年至少舉行一次，有時還舉行額外的、規模較小的木蘭行圍。據專家們統計，康熙年間先後一共有四十八次率八旗兵出塞行圍的紀錄。直到康熙皇帝逝世的那一年，秋獮還是照常舉辦的，可見康熙對木蘭行圍的重視。

如前所說，木蘭行圍是一項大規模的軍事行動，動員的人數極多，一路食宿問題，很不容易張羅，因此隨著一次又一次的行圍，北京至圍場這一路上逐漸的爲休息、打尖、住宿而新增了不少設置，加上帳篷、蒙古包、禦寒物品、儀仗、武器、賞賜物品以及補給物品等的存放保管與儲存問題，所以清朝政府出資，不斷的在沿途建造了一些供應飲料的茶宮、供吃食的尖宮以及供睡眠的住宮。每次行圍加上往返休息的時間至少得需兩三個月，皇帝還得要一所處理政務的行宮。開始造成了熱河行宮，後來便發展成了日後聞名的避暑山莊了，這是康熙親征噶爾丹勝利之後，尤其感受到處理北方民族的重要，所採行的一項政策的結果。

避暑山莊後來經過乾隆皇帝的擴建，規模更大，內容更形豐富，成爲著名中外的一所塞外園林。乾隆在〈避暑山莊百韻詩序〉中說：「備邊防，合內外之心，成鞏固之業。」就是指木蘭行圍而言的，充分說明了清朝設置木蘭圍場是有政治目的的。正如魏源日後著《聖武記》說過：「本朝撫綏蒙古之典，以木蘭秋獮爲最盛。」木蘭圍場確實是有團結蒙古諸部的作用。

38

康熙與避暑山莊

康熙四十二年（一七〇三），皇帝選定了現在承德市北邊一塊地方，建造了熱河行宮，又名承德離宮，一般通稱爲避暑山莊。山莊規模宏大，約佔地八千四百多畝。康熙爲什麼在這裡興建行宮呢?原來承德是一個美麗的山城，灤河與武烈河蜿蜒其間。武烈河古代有熱河之稱，承德也就曾有熱河名號了。承德周圍的山上林木豐茂，鬱鬱葱葱，詩人讚美說：「大抵無峰無好樹，一峰不與一峰同。」康熙朝官員在看過避暑山莊風景之後，都說：「自京師東北行，群峰迴合，清流縈繞，至熱河而形勢融匯，蔚然深秀，故稱西北山川多雄奇，東南多幽曲，茲地實兼美焉。」一也就是說他們眼中的熱河行宮是兼有南北方風景之美的。康熙皇帝在〈避暑山莊記〉一文中，則更強調了山莊的優點，他說：

朕數巡江干，深知江南之秀麗；西幸秦隴，益明西北之殫陳；北過龍沙，東遊長白，山川之壯，人物之樸亦不能盡述，皆吾之所不取。

可見皇帝認爲全國各地雖各有美處，但他總覺得不如承德可取。事實上，當時交通不便，皇帝又愛遊各地，不能離京城太遠，所以熱河是最佳的行宮地點。再說康熙建這座行宮還有攏絡、控制蒙古與西藏等外藩的作用。在這些條件兼備之下，熱河就被選上了。

康熙時代的避暑山莊只是初建的階段，很多大建築與景點都是他的孫子乾隆皇帝完成的。不過在康熙之世已經就有了所謂的三十六個景區了，有山有水，而「山莊以山名，而勝趣實在水」，所以山莊也是一個綠化的大園林，景區中有不少是以樹木花卉爲主的。

山莊裡除苑景區以外，主要的是宮殿區，是皇帝理政與起居的處所，其中澹泊敬誠殿更是主體建築，皇帝在這裡正式接見文武大臣以及蒙藏回族的王公貴族喇嘛等人士。爲了配合康熙皇帝當日政治和生活的需要，山莊區域內又建造了溥仁寺與溥善寺。溥仁寺位於武烈河東岸山邊，康熙五十二年各部蒙古王公貴族來熱河，爲慶祝皇帝六十大壽而建，寺內有巨碑兩座，其一爲〈溥仁寺碑記〉，溥仁寺現存正殿，內供三世佛和二侍者，兩側有十八羅漢像。溥善寺現已不存，不過這兩座佛廟是山莊中建造年代最古老的。

根據清朝宮中檔案所記，避暑山莊自康熙四十二年興建以後，皇帝每年來住夏，有時冬天也小作勾留，專家們認爲二十年中，康熙皇帝大約前後來過山莊五十次之多。一般正常的住夏避暑通常是五月自北京來，九月再回北京，約有四、五個月的時間在熱河度過。以康熙生命中的最後一年即康熙六十一年來說，他雖已病魔纏身，他仍到山莊住夏約三個多月，比他在北京紫禁城或暢春園中住留的時間都長，可見他對山莊的生活是樂此不疲的。

康熙皇帝每年都到熱河行宮長住的原因究竟是爲了什麼呢？晚年身體欠佳，他需要風景水好的口外地方休息，應該是一項原因。但是從他留下的多首山莊詩中，我們可以了解他是想利用遊憩之餘，思索一些有利國計民生的大事。同時他個人常訪熱河，對北方邊疆的安定，地區的發展也是有助益的。尤其他在〈山莊記〉一文中寫出的另一個道理，很值得我們一讀：

> 至於玩芝蘭則愛德行，睹松柏則思貞操，臨清流則貴廉潔，覽蔓草則賤貪穢；此亦古人因物而比興，不可不知。

可見他在「靜默少喧嘩」的山莊中，觀察樹木花草，由物及人，由自然界投影到人類社會，將得到的啓示用於治理國家，實在不能不算是件好事。不過，康熙也可能是想遠離禮教深重的北京，到山莊裡來打獵殺生，過一段放浪形骸生活，也未可知。一位西洋傳教士叫馬國賢（Matheo Ripa），有一年隨皇帝到山莊作客，寫下這樣一段記事：

在熱河避暑山莊，我（馬國賢自稱）住在一處帶有小花園的臨湖房屋裡，湖的對岸是別墅，陛下經常由一些妃嬪們陪同，在那裡讀書學習。通過窗紙的孔眼，我看見陛下在閱讀寫字，那些陪伴他的婦女們在墊子上，一言不發，彷彿是緘默的修女。有時陛下帶著五、六個妃嬪，乘坐一條華麗的小船，這些妃嬪中有滿人，也有漢人，一律穿著旗裝。小船後面還尾隨著很多船隻，所有船上都載著婦女們。

有時候，陛下高高地坐在一個形同寶座的位子上，觀看他所喜愛的遊戲。幾個太監侍立於側，寶座前方的毡毯上，聚集著一群妃嬪。突然，陛下將假造的蛇、癩蛤蟆以及其他令人憎惡的小動物拋向妃嬪中間，她們跛腳疾跑，以求躲避，陛下看了十分開心。

還有的時候，陛下佯裝想得到長在樹上的果實，於是讓妃嬪們到附近小山上去摘取。在他的催促下，可憐的跛子們爭先恐後，叫嚷著朝山上奔去，以致有人摔倒在地，引起他的開懷大笑。陛下不斷創造這樣的遊戲，在夏日涼爽的傍晚，尤爲常見。無論在山莊或是住京城，陪伴他的只有妃嬪與太監。依照世俗的觀點，這種生活無疑是最爲幸福，但在我看來，卻是最可鄙的生活方式之一了。

文中的「陛下」當然是指康熙皇帝。「跛腳」或「跛子」的人應該是當年的那些漢族妃嬪，因為她們都是裹小腳的婦女，行動不很方便，尤其在跑動的時候，像似有殘缺的跛子一樣。馬國賢是天主教清教徒型的神父，當然看了這些情景覺得很可鄙。事實上，康熙這位提倡理學的君主，以此惡作劇的「遊戲」來供自己消遣作樂，說起來也是低俗的趣味了。他一向表現得寬厚、仁慈的形象，在馬國賢的這些眞切而生動的描寫文字中，顯然都不存在了。當然康熙皇帝儘管是位傑出的君主，但他畢竟還是一個有七情六慾的人。他在北京的生活或是在處理政務時是嚴肅的，他在熱河這樣「閣影凌波不動濤」、「蓬萊別殿挂雲霄」的仙境中，生活放縱，顯示其凡人的本性也是無可厚非的，我們不必苛求康熙皇帝是位聖人。

康熙建造避暑山莊也確實並非為了一己的享樂。他還有為武備不懈與控制邊疆蒙藏等少數民族的目的。尤其是溥仁寺等廟群建築的構想，更是他想利用藏傳佛教對蒙、藏同胞進行統治的形象體現。他用廟宇建築與法器文物來宣揚「佛法如天」的神權至上思想，浸透「天命論」和神祕色彩，增強滿族在當時喇嘛教中的護法地位。自清初以來，滿族領袖們深知蒙藏族人篤信喇嘛教，因而採用「從宜從俗」的政策，「因其教，不易其俗」，以安撫並聯繫蒙藏族人，使蒙藏上層貴冑人物心向清廷中心，收到「俾滿所欲，無二心焉」的統治效果。

39

康熙遊揚州

清朝聖祖康熙皇帝在位六十一年（一六六二—一七二二），是清朝享國最久的皇帝，也是清朝最關心民生問題的帝王之一。他早年就因黃河水患而視治河爲國家施政的大項目之一。即使在三藩動亂、國家人力財力不足之時，他還命令大臣進行黃河工程，並且說：「河道重大關係，國計民生，告成無期，朕甚憂之。」等到三藩亂平，台灣內附之後，他興起了南巡的念頭。據清朝官方的史料稱，他南巡是爲治河的，因爲他總覺得個人對治河之事，「雖知險工修築之難，未曾身歷河工，其河勢之洶湧患漫，堤岸之遠近高下，不能了然」。所以要親身勘察一下工地。從康熙二十三年到四十六年的二十多年當中，他曾六次南下黃、淮與運河、長江流經的地區，視察地形，指導工程，對當時治河確實作了一定的貢獻。同時康熙南巡除以治河爲主要目的外，他也在籠絡漢族士紳與維繫民心方面做了一些工作。現在就利用清初官私書檔以及在海峽兩岸珍藏的清宮檔册，對這位大帝六次南巡期間在揚州一地的一些活動，作一點鉤考，並略抒個人私見。

康熙的六次南巡，分別舉行於二十三年、二十八年、三十八年、四十二年、四十四年與四十六年。《清實錄》裡雖然對每一次行程都有所記載，但不夠詳盡。如有關皇帝在揚州的部分，顯然簡略不全，甚至有隱諱之嫌。現在先以第一次南巡爲例，《清實錄》中僅寫了康熙二十三年（一六八四）十月甲寅（二十二日）「御舟過揚州，泊儀眞江干」。第二天「乙卯，御舟自儀眞渡揚子江，泊鎭江府西門外」，然後皇帝便去南京，謁明太祖陵，看江寧教場等等。稍後在回程途中，皇帝在十一月初五又駐蹕儀眞，初六日則泊舟在揚州府轄的小鎭邵伯，然後北上返京。從以上的記事中很能令人相信這次南巡，皇帝根本未進入揚州城。然而事實全然不同。清宮大內所藏的《康熙起居注》中就有較爲詳盡的記述，該檔册在是年十月二十二日條下寫著：

> ……上至揚州，登覽蜀岡棲靈寺、平山堂諸勝，御書「怡情」二字，留題於平山堂。至天寧寺，御書「蕭閒」二字。……

《起居注》是記寫於當時的第一手資料，內容絕對可靠，所以皇帝確實是去了揚州城裡，而且還遊覽了多處名勝古蹟。棲靈寺顯然是因棲靈塔而稱的，事實上這座古廟叫大明寺。大明寺始建於南朝宋大明年間，距今已有一千五百年的歷史了。宋朝大詩人陸游曾稱此寺爲「淮東第一觀」。康熙帝及其從臣當然不喜以「大明」爲稱，所以用寺側的另一名勝「棲靈塔」的「棲靈」二字稱寺。棲靈塔始建於隋仁壽元年（六〇一），當時隋文帝下令全國三十州各建一個供養佛舍利的寶塔，建在揚州的叫棲靈塔，塔高九層，高聳入雲，唐朝詩人李白、白居易、劉禹錫以及後世很多名人都登過此塔，並留下不少的詩篇。康熙時爲籠絡漢人，僅在官家檔册中稱大明寺爲棲靈寺。乾隆帝後來遊揚州時，乾脆把寺名改爲法淨寺，直到一九八〇年春天，揚州政府才又將法淨寺恢復本名大明寺。平山堂則更是當地的景點，在蜀岡之西，是北宋大文豪歐陽修任揚州太守時所建的，因爲在堂前南望「江南諸山，拱揖檻前，若可攀躋」，所以稱「平山堂」。自從平山堂建成之後，歐陽修常與文士們歡宴於此，曾經「揮毫萬字，一飮千鍾」，後人在此作詩憑弔的也爲數極多。天寧寺也是揚州的古剎，被列爲「南朝四百八十寺」中的名寺。康熙帝南巡時曾下榻於此，寺前數十步有專爲康熙皇帝修造的御馬頭，供皇帝登舟遊湖用的。康熙帝既書寫了「怡情」、「蕭閑」等墨寶給這些名勝區，實錄缺載是事實了。

在六次南巡的紀錄中，以第五次康熙南遊揚州的記事最豐富，最值得一讀。現在就官方與私家的資料依次徵引說明如下：

《清實錄》記康熙四十四年（一七〇五）三、四月間皇帝第五次駕臨揚州的事有：三月十一日乙巳，「御舟泊揚州府城北高橋」地方，當日降諭河道總督張鵬翮，要他重視河道工程告成後的善後方略。第二天適逢清明節，皇帝派官祭列祖陵寢，當晚住進了寶塔灣行宮。這一天來朝的人很多，而且都是閩浙一帶的封疆大吏。十三日，皇帝同意了九卿與張鵬翮合議作成的治河方略，又下令升梁世勛爲山東按察使。御船於十四日離開揚州，「駐蹕江天寺」。其後又到蘇州、杭州、南京等地巡察，《清實錄》裡也記述了不少他對河工關切、體恤民情、重視文教以及閱兵、謁明太祖陵等等的事，而每到一處，都有人民或官員懇留他多住幾天，他雖以「天氣漸熱」爲由，想早些回京，但總是最後又「再留一日」或「再留二日」的留下了。在蘇州時，正好是他的生日，萬民爲恭賀「萬壽節」，「群跪行宮前，奏進諸品食物」，皇帝爲此還特別對大家說：「朕因閱視河工，巡訪風俗而來，非爲誕辰也。且朕來時，一切應用之物，具備自內府，所過地方，秋毫無犯……爾等可攜去。」以此看來，皇帝是專以公務爲重，以民生爲先，不想對民間與地方有所擾累的。在巡察過蘇、杭、南京之後，康熙帝一行又於閏四月初一日回到了揚州，住進了寶塔灣行宮，《清實錄》中記載了不少當日的事，比以往歷次南巡在揚州的記事都詳盡了一些，書中說：

甲子朔，上自江天寺登舟渡江，駐蹕寶塔灣。……

乙未……上諭明日啓行，地方官及商民再四懇求，留駕數日。得旨：因爾等懇求，朕再留一日。

丙申，御書「正誼明道」區額令懸董仲舒祠。「經術造士」區額，令懸胡安國書院。「賢守清風」區額令懸平山堂。賜扈從侍衛内大臣公福善、大學士馬齊等香緞等物。福善等謝恩跪懇曰：「蒙恩浩蕩，賜臣等之物甚多，且賞賚官兵銀兩俱欲在此置買土物，祈皇上再留二日，臣等方有暇料理。」得旨：爾等既然懇求，可再留二日。

戊戌，賜大學士張玉書、陳廷敬，户部尚書徐潮，禮部侍郎胡會恩，都察院左副都御史陳詵等御書。

己亥，上自寶塔灣登舟啓行。

據此可知：皇帝於此次南巡的回程中又在揚州停留了六天，他原想住一天就離開的，後來因爲「地方官與商民再四懇求」以及「官兵俱欲在此置買土物」等因，康熙帝便在揚州多留了五天。按照上引文中的說法，皇帝是體恤隨行官兵下情才多作勾留的，而文字裡出現「商民」字樣，也值得注意。

康熙皇帝六次南巡揚州，儘管《起居注册》與《清實錄》中已經爲我們提供了不少資料，把當日的實狀描繪的相當清楚生動了。然而官書畢竟是「官樣文章」，對皇帝總不免是歌功頌德的，對若干不好不法的事多少要加以隱諱。就以康熙四十四年皇帝第五次南巡揚州前後爲例，近代問世的宮中祕檔與私家手記中便很可以揭露一些史實眞象，現在分述如後：

第一，故宮博物院整理編成的《關於江寧織造曹家檔案史料》一書，是收錄以曹寅爲主的一部史料集子。曹寅在康熙年間任職江寧織造與兩淮鹽政主管多年，而六次南巡中他就有四次迎送皇帝，而且多在南京與揚州兩地奔忙服務。從書中有關資料看來，康熙帝在三十八年第三次南下揚州時，因爲有皇太后偕行，他們見到茱萸灣（即寶塔灣）的古塔「歲久寖圮」，皇帝表示孝心，「欲頒內帑略爲修葺」，沒有想到當地鹽商們「以被澤優渥，不待期會，踴躍赴功，庀材協力，惟恐或後，不日告竣」。鹽商們或有自動捐款的，但皇帝確實「降旨命鹽商修建」是事實。茱萸灣古代叫臨灣坊，現今稱灣頭，是沿運河東行通海、北上淮泗的必經之道。隋煬帝三下揚州，都是在茱萸灣登陸的，當地因遍植茱萸而得名。茱萸灣畔的高旻寺原名天中寺，因寺中有高塔名天中之故，康熙帝修塔之後，改賜寺名爲高旻寺，現今寺中仍有康熙手書的「敕建高旻寺」漢白玉石額一方存在。此外，在《起居注》的記事中，我們看到皇帝第三次到揚州時，文字中有「商民」出現，而且更清楚的寫下了當時賜御書給鹽商張文秀以及項起鶴的母親，也許這些可作爲鹽商出力修塔的一個旁證。

第二，在第四次南巡後一年多，宮中又傳出皇帝將有五次南巡的事，曹寅爲了逢迎皇上，便召集相關官員與鹽商們，大興土木，建造寶塔灣的行宮。行宮在高旻寺旁，據後人的描寫：「初爲垂花門，門內建前、中、後三殿，後照房。左宮門前爲茶膳房，茶膳房前爲左朝房，門內爲垂花門、西配房、正殿、後照殿。右宮門入書房、西套房、橋亭、戲台、看戲廳。廳前爲閘口亭廊房十餘間，入歇山樓。廳後石版房，箭廳，萬字亭，臥碑亭。歇山樓外爲右朝房，前空地數十弓，乃放煙火處……。」皇帝後來還爲行宮賜了一些墨寶，如「邗江勝地」匾，與「眾水回環蜀岡秀，大江遙應廣陵濤」聯句等。行宮的工程進行很順利，到康熙四十三年底，曹寅便上奏報告情形了：

……所有兩淮商民頂戴皇恩，無由仰報，于臣寅未點差之前，敬于高旻寺西，起建行宮，工程將竣，群望南巡駐蹕，共遂瞻天仰聖之願。

爲了建造這座行宮，曹寅、李煦、李燦等官員都捐了兩萬兩或一萬兩不等的銀兩，鹽商們因人多，而「出銀數目，尚未結算」，一時不見紀錄，想必爲數可觀。這些出錢出力的官員與鹽商，後來都「議敍加級」或給予「虛銜頂戴」，如「給曹寅以通政使司通政使銜、給李煦以大理寺卿銜、給李燦以參政道銜」等等。另外在《李煦奏折》中我們也可以看到皇帝爲答謝鹽商們的「

輸誠」，也降旨賜給他們一些虛銜。高旻寺修塔與建行宮的事，在官書裡隱諱了，這些史實，我們只能在祕檔中鉤考一些實狀。

第三、清末汪康年編的《振綺堂叢書》初集中收錄了一卷抄本《聖祖五幸江南全錄》，這是一部很值得一讀的珍本，作者姓名雖然不可考，但汪氏所謂「疑是京僚之奔走王事者」，應屬可靠。該全錄中對於第五次南巡時皇帝在揚州的活動記述很多，分別抄錄如下：

> 三月十一日晚由高郵邵伯抵揚州黃金壩泊船，有各鹽商匍匐叩接，進獻古董、玩器、書畫不等候收。揚州舉人李炳石進古董，書畫不等，上收《蘇東坡集》一部。
>
> 十二日，皇上起鑾乘輿進揚州城，總漕桑（格）奏請聖駕往炮長河看燈，俱同往平山堂各處遊玩。……皇上過鈔關門上船，開抵三涂（汊）河寶塔灣船泊，衆鹽商預備御花園行宮。鹽院曹（寅）奏請聖駕起鑾，同皇太子、十三阿哥、宮眷駐蹕，演戲擺宴。……晚戌時，行宮寶塔上燈如龍，五色彩子鋪陳古董詩畫，無記其數。月夜如晝。
>
> 十三日，皇上行宮寫字，觀看御筆親題。
>
> 十四日皇上龍舟開行，往鎮江，過瓜洲四閘。……將軍馬（三奇）、織造曹（寅）、中堂張（玉書）公進御宴一百桌。……織造曹進古董等物，上收玉杯一只、白玉鸚鵡一架。又揚州府

鹽商進古董六十件，又進皇太子四十件，各憲亦進皇太子古董、物件不等。

同書中又記了皇帝返京時再經揚州的情況是：

五月（按應爲閏四月）初一日，皇上……巳刻至二十里鋪，有江寧織造兼管鹽院曹（寅）帶領揚州鹽商項同、景元等，叩請聖駕。午刻，御舟到三岔河上岸，進行宮遊玩。駐蹕御花園行宮。衆商加倍修理，添設鋪陳古玩精巧，龍前顏大悦。……進宴演戲。

初二日，兩淮鹽院曹進宴演戲。

初三日，皇上在行宮内土堆上觀望四處景致，上大悦；隨進宴演戲。

初四日，上即在行宮内荷花池觀看燈船，進宴演戲。

初五日，……文武官員晚朝，進宴演戲。

初六日，晚朝，進宴演戲。……

以上所述，應可視爲可信史料，對康熙第五次南巡揚州的記事，有補充與説明的作用。

綜合以上所述，我個人有幾點感想：

一、清代官方書檔如《實錄》、《起居注》等等，都不可視爲完善的史書，尤其對皇帝與皇家的事常有隱諱不書的缺失，康熙南巡便是一例。

二、康熙南巡，前幾次在揚州停留的時間不多，最後兩次則都超過十日的紀錄，顯見皇帝對揚州的「好感」愈來愈多，有作較長時間勾留的必要了。

三、自第三次南巡揚州以後，皇帝到南方巡察的性質顯有改變，「閱視河工，巡訪風俗」等等固然是主要原因，但是修建寶塔、行宮；收藏古董、字畫以及吃喝看戲也成爲行程中重要活動項目了。所謂「窮烹食、狎優伶、談骨董」的三好，在上有好者的時代潮流下，民間必有甚焉了。

四、康熙帝的南巡，自有鹽官、鹽商參與迎送行列後，官民們出錢起塔造屋、進呈珍玩、演戲擺宴，極盡消費之能事。其後皇帝則酬答以人參袍掛、賞借鹽商銀兩，賜給虛銜或議敍加級，完全是彼此政治財經利益的互相輸送；而皇帝所稱的南巡「一切應用之物，具備自內府」談話，也變成了謊言。

五、皇帝每次南巡，不是輕車簡從的幾十人而已，事實上，往往動員到數千或上萬的人，地方上接待的工作相當辛苦，費用也極多，眞是「苦累官民」。「秋毫無犯」是絕對不可能的，不少學者認爲康熙南巡是曹寅這樣官員日後虧空的主因，也是兩淮鹽課虛空的主要原因。若說乾隆皇帝南巡使得鹽務敗壞，不如說康熙帝是始作俑者。本文陳述的事實似可作爲旁證。

六、康熙皇帝南巡雖然有可議之處，不過畢竟他仍是一位可以稱頌的君主，尤其對揚州一地而言，這位皇帝給揚州留下不少歷史紀念物，提高了揚州的知名度，促進了揚州的經濟繁榮，如果冷靜的從另一個角度看，康熙帝對揚州多少是作過一些貢獻的。西洋諺語說：「權力使人腐化。」政治人物不都有這樣的通病嗎？我們又何必苛求康熙皇帝呢？

40

康熙皇帝迷不迷信？

一個人如果不能察出事物的眞假，而一味的惑於世俗的成見，妄信盲從，就是迷信。康熙皇帝是不是一個迷信的人呢？從他在位期間的所言所行，似乎不容易判斷。例如他在康熙二十二年二月，曾登五台山的菩薩嶺，燒香拜佛，爲祖母孝莊皇太后「致祈景福」，並頒發帑金，修繕五台山廟宇。又在東巡遼瀋途中到千佛寺中降香，發給寺僧六百兩香資，據說是他祖母託他帶來的。皇帝在南巡途中，也派官員祭過河神金龍四大天王廟，並給不少廟裡的和尙賞賜過御書墨寶，顯見康熙是對佛教有著迷信的。另外每年例行的典禮中，有祭祀先農之神、社稷之神、山海之神、以及城隍、關帝、東嶽等廟神，似乎也是具有迷信色彩的。還有我們在清代官書檔案裡經常看到如下的一些事實：

遇到天氣異常，發生旱災時，皇帝便要舉行祈雨大典。祈雨有皇帝親自祈雨與派大臣在京中或在各地代祈。也有請喇嘛與道士主持祈雨的，可見皇帝也惑於這項世俗之見，相信求神拜佛可以降下甘霖。

同樣的，遇到了雨水過多，皇帝也下令祈晴。有時同時在各地眞武廟、東嶽廟、三官廟、城隍廟等處由和尙或道士誦經，並派官「敬謹齋戒」的去主持，認眞地當作重要政務事件辦理。

從以上的記述是不是就可以證明康熙皇帝是位迷信的君主呢？我個人認爲應該再作考查，看看他對宗教是不是眞的虔誠信仰？對世俗傳統眞是妄信盲從？先以佛教來說，康熙就說過他對喇嘛教是「生來厭聞」的。對蒙古人崇信喇嘛的風氣，認爲應該「亟宜挽易」。梁武帝酷好佛教是「無益有損」的事，而一般百姓人家喪事「延集僧道」作法事，都不是正理。顯見他對這類宗教並不虔敬，更談不上迷信了。

對於道家的煉丹之術，他也不相信，曾經表示過：「凡煉丹修養長生及巫師自謂知前者，皆誕妄不足信，但可欺愚民而已，通經明理者，斷不爲其所惑也。」

對於祥瑞災異一類天象，皇帝也幾乎不信其眞。他說：「五星之行於天，度數不同，遲速各異，何由聚於一宿？雖史冊書之，考之天文，斷之以理，終不可信。」他認爲「五星珠聯」爲吉祥之兆的說法是不可信的。至於那些瑞草、祥雲、天書、靈芝等等，都不是什麼祥瑞，他說：「

史冊所載祥異甚多，無益於國計民生，地方收成好，家給人足即是莫大祥瑞。」因此他對於大臣們進呈上來的多穗嘉禾、千年靈芝，一概都說「朕不必覽」，也就是一概不信。

風水之說，皇帝也不盡信，以下兩例，可以作為說明：

康熙二十八年六月初三日，刑部呈上一件題本，報告有人私自挖煤，破壞了陵寢的風水，清朝官方文書裡記載說：

> 爨嶺溝地近陵寢，有關風水。民人徐慶忠私開煤窰，應充發。其總領以下各官，並降罰有差。所開之窰，永行禁止。上曰：風水之處，俱築牆立界，爨嶺溝去陵十三里，離風水較遠，將此等處俱稱有礙風水，則此十三里內，所有村井，將如何之？一概皆禁，將來何所底止？

另一事例發生在康熙三十三年十二月，刑部又為有人伐木而影響到風水事，向皇帝進呈題本說：有一個名叫阿哈尼堪的滿洲人，他「盜伐風水禁地樹木」，刑部判他「應立絞」的死刑，向皇帝請示。皇帝對此事有不同的看法，認為「此伐木處，雖屬風水，然非內地，似此愚民無知犯禁者，前此曾經寬宥，著枷責發落」。皇帝救了阿哈尼堪一條命，而且說明風水是可以依內地與關外、漢人與滿人的不同而有不一樣的判斷標準。

以上兩例，似乎可以說明康熙對風水之說是不太相信的。

康熙晚年，雖然他想了解道家氣功、冥坐的道理與功能，甚至也還對道士能以神法戰勝準噶爾大軍的事心存希望過，不過他基本上是不迷信的。他說：「朕嘗觀書，見唐明皇遊月宮，宋眞宗得天書，此皆好事狂妄書生僞造，豈可以爲實而信乎？」可見他有著強烈的理性信念。另有兩位與他相處過並對他仔細觀察過的西洋人也曾對他迷信與否作了如下的評語：

耶穌會傳教士張誠，曾在宮廷任職，爲康熙講授過天文、哲學、數理等學科，常隨皇帝出巡塞外，並協助清朝辦理中俄外交，訂立《尼布楚條約》。他伴隨皇帝到外蒙與塞外前後八次，可見他是得到皇帝寵幸的西洋人之一。張誠死後留下珍貴的日記史料，在他一六九一年（康熙三十一年）夏天陪皇帝參加蒙古多倫會盟時的日記中，在六月二十三日這天，他記著：

皇帝陛下對那種認爲有吉日忌辰和幸運時刻的迷信說法，十分輕視，他明確的告訴我們：他認爲那些迷信不僅是假的和無用的，而且對國家有害，特別是執政者提倡迷信的話，這種迷信，以前曾使不少無辜的人喪生。他提到了一些人的名字，……湯若望神父同時受迫害，他們被判罪和處判是出於一種罪名，即他們給皇帝一個兒子的下葬時辰定的不當，這給皇族帶來了不幸。皇帝說：人們，甚至大臣們陷入迷信，犯錯誤的後果可能不太壞；但若朝廷的統治者陷入迷信，就可能導致可怕的弊病。

另一位法國傳教士白晉，也是在宮廷中服務多年的，他在呈送給法國國王路易十四的報告書中，也談到康熙不是一位迷信的君主。他說：

皇帝對中國舊的迷信已經有些破除。例如在中國，除了基督教徒外，差不多每個人在開始做一件重要的事情時，都要選擇一個黃道吉日。欽天監裡有一室，專門根據迷信的方法爲做每件重要事情選擇風水吉日。在當今皇上年幼時期，欽天監延誤了皇帝胞兄的安葬時刻，這種疏忽被認爲對帝室是不吉利的。因此帝國的輔政大臣以斬首來判處三個欽天監官吏。

康熙出於策略，讓欽天監按例辦事。但是，在多次接觸中，我們知道，他根本不相信那些意見。實際上，一切與皇帝本人有關的事情，都是他自己決定，同時也使欽天監很好地明瞭他的旨意。例如當他給他長子娶媳婦時，根據習慣，該由欽天監來決定在被選人中誰做皇媳最適合。但我能說，欽天監是奉命指定皇帝自己所選中的女子。同樣，當確定皇帝幾次旅行的啓程日期時，也是如此，欽天監選定的日期，也總是皇帝決定要出發的日子。

兩位傳教士的看法都是大致相同，皇帝是不迷信的。皇帝不迷信的原因，可能與他的學問有關。他懂得天文氣象，當然就了解五星珠聯、彗星、旱災、水災的成因。他精通中西醫學，因而對道家煉丹可以使人長生之說就不會妄信。但是他極爲孝順祖母，而祖母是篤信喇嘛教的，他爲了遵循倫理與傳統只得表現出迷信。他爲統治中國，服膺理學，他也只好隨俗祭祀諸神，祈晴祈雨。他一生中作出不少的迷信行事，都是出於「策略」的需要，也就是爲了政治、軍事或其他方面的需要，他才迷信的。康熙皇帝應該是一位不惑於世俗之見或妄信盲從術數仙佛的君主。

41

康熙心目中的喇嘛

康熙十二年十月初九日上午，皇帝在乾清門聽政以後，便到弘德殿聽經筵講官熊賜履、喇沙里、孫在豐等人對他講《四書》中「子曰其言之不怍」與「陳成子弒簡公」二章。講課完畢，皇帝特別把熊賜履召到他面前，向他說：

> 朕十歲時，一喇嘛來朝，提起西方佛法，朕即面闢其謬，彼竟語塞。蓋朕生來便厭聞此種也。

康熙二十八年十一月二十七日在早朝與各部院大臣討論政務時，理藩院的官員向皇帝報告烏斯尼哈白塔的住持喇嘛羅布臧宜寧稱他的師父喇木占巴喇嘛又轉生於世了，請求清廷派人去參加聚會，理藩院認爲不必派員去參加。皇帝對他們的決定表示贊同，並對蒙古人迷信喇嘛說出如下的看法：

蒙古之性，深信詭言；但聞喇嘛、庫圖克圖、忽必爾汗，不詳其眞僞，便至誠叩頭，送牲畜等物，以爲可以獲福長生，即至破蕩家產，不以爲意。而奸宄營利之徒，詐謂能知前生，惑衆欺人，罔取財帛牲畜，以累佛教。諸蒙古篤信喇嘛，久已惑溺，家家供養喇嘛，聽其言而行者甚衆。應將此等詐稱庫圖克圖者嚴行禁止。

康熙三十九年三月初二日，當清朝使臣去蒙古時，皇帝又下令說：

蒙古唯信喇嘛，一切不顧，此風亟宜挽易，倘有喇嘛等犯法者，爾等即按律治罪，令知懲戒。

從以上這些清方官方文獻的紀錄中，似乎可以給我們一個印象，幾乎三十年如一日的皇帝是厭聞喇嘛之言，對喇嘛的印象是差極了的。可是我們從康熙皇帝一生的行事中，看到他對不少喇嘛是崇敬有加的，對藏傳佛教喇嘛教並非是著意排斥的。現在且略舉數例，說明康熙與喇嘛以及喇嘛教的關係。

先就與皇帝宮廷有關的來說：康熙二十二年，皇帝於二月與九月間兩度親赴山西五台山，並登上最高的菩薩嶺，拜詣神佛，爲祖母孝莊太皇太后「致祈景福」，並且頒發帑金修繕五台山的廟宇，他又親自御書匾額，頒布各寺，「珠林紫府之間，爛若雲漢焉」。他對五台山的喇嘛寺廟不能說不禮敬了。

康熙二十四年八月二十八日夜晚，皇帝的祖母突然中風，第二天一早，慈寧宮的花園裡就有四十八位喇嘛一起在誦經，爲太皇太后祈求康復。皇帝如果排斥喇嘛，宮中又怎麼能讓喇嘛們作出如此大規模的活動？

康熙二十五年初，皇帝又爲慶祝他祖母七十四歲生日，特別命人鑄造了一尊七十三厘米高的黃銅鍍金四臂觀音佛像，並在佛像蓮花座下刻上滿蒙漢藏四種文字的銘文，以「永念聖祖母仁慈，垂佑眾生，更賴菩薩感應，聖壽無疆」。這尊佛像後來一直供奉在慈寧宮的大佛堂中，可見宮中是可以禮拜喇嘛教的神佛。

康熙年間，皇帝又在京師與外地建造過不少喇嘛寺廟，其中最著名的有熱河行宮一帶的溥仁寺、溥善寺以及暢春園內的恩佑寺、南苑的永慕寺等。皇帝既熱心建廟，當然談不上他是一位排佛滅佛的君主了。

除此以外，我們還看到不少康熙皇帝下令要喇嘛爲政府服務的記事。例如：

一、爲皇室祈福祈壽。康熙四十七年夏天，皇帝雖人在承德行宮避暑，但他下令京城中應自八月初一日至初七日，由喇嘛們「盡力誦《甘珠爾經》，若一寺喇嘛不足，則令二寺合念。五十喇嘛在中正殿、永寧寺誦經，亦令和尚在報國寺、廣濟寺誦經」。不但如此，在誦經完畢之後，他還要大臣們向他報告「各寺誦念次數」。康熙四十八年八月中旬，又下令動員二百一十六名喇嘛在中正殿誦經。接著又在永寧寺、聖化寺、廣慈寺等處誦經二十一天。誦經如此大規模而且頻繁，能說皇帝厭惡喇嘛嗎？還有每年的三月十八日皇帝壽誕之前，各地官員都紛紛上奏報告他們請喇嘛、和尚在寺廟誦經，爲皇帝祈福，「敬祝萬壽無疆」。皇帝顯然是不排斥喇嘛的。

二、爲國家祈雨祈晴。清朝皇帝受了漢人文化的影響，在久旱不雨的時候，會下令祈雨，這類記事在清宮檔册裡屢見不鮮。康熙三十年因天旱內務府請了道士祈雨，皇帝在他們的報告又批了令「喇嘛們黽勉祈雨」，似乎說明皇帝對喇嘛更有信心。康熙四十九年五月初四日清宮舊檔裡又見「令京城以前祈雨之眾喇嘛祈雨」。第二年，皇帝在承德避暑山莊，先因夏天不雨而下令要喇嘛們祈雨，後來又聽說京城中有「發燒頭痛」的流行病而再下令命「喇嘛停止祈雨，命喇嘛在寺廟誦《甘朱爾經》」，爲眾人祈福。有時因爲連月陰雨，不利農耕，皇帝也下令喇嘛等出家人祈晴的。如康熙五十二年六月十四日禮部尚書赫碩的奏報中就提到「由十四日起至十九日止，永睦寺、永寧寺、察罕喇嘛廟三處，照例由廣繕庫領取錢糧，命喇嘛誦經祈晴」。皇帝對喇嘛並非深惡痛絕。

從以上事實，也許給我們一個印象，即康熙皇帝對喇嘛的態度是前後不一的，是時好時壞的。實際上我個人以爲康熙皇帝對任何宗教都談不上什麼虔誠信仰的問題，他的抉擇重在實用與功利方面。因爲他的祖母來自蒙古，一生篤信喇嘛教，他爲了對祖母感恩盡孝，便親自奉祖母上五台山禮佛，爲祖母造金佛祝壽。又由於漢人的天人感應學理，他虔敬地命喇嘛祈雨祈晴。爲了統治蒙古，他不惜重金建造承德行宮的喇嘛廟。可是他不想蹈蒙古人的覆轍，願意遵循祖先訓示，只利用喇嘛服務而不入其教。同時他要作爲尊孔崇儒的道統仁君，他必得在儒臣面前表示生來厭聞喇嘛佛法了。正如西洋傳教士張誠所說的：「出於政策，（皇帝）才仁慈地使用他們（按指喇嘛）。」

42

康熙看道家的煉丹與練功

康熙皇帝爲了統治漢人的國家以及他個人的愛好，他服膺理學。加上他研究中西醫學有相當的造詣，所以他對於道家的一套養生、長生的方法是不很相信的。他曾在不少的場合，公開表示過這方面的看法並發表過措詞嚴厲抨擊的。

康熙二十八年二月，他南巡到南京，有一個叫王來熊的人向他敬呈上一本《煉丹養生祕書》，他不看內容就隨即對大臣們說道：

> 朕經史之餘，所閱載籍多矣。凡煉丹修養長生及師巫自謂知前者，皆妄誕不足信，但可欺愚民而已。通經明理者，斷不爲其所惑也。宋司馬光所論甚當，朕有取焉。此等事朕素不信，

其擲還之。

康熙出巡時，凡有人民進獻物品，他都會很禮貌的接受，並還贈禮物，以示他仁君之體。王來熊送他煉丹養生的書，即使不信，也不能「其擲還之」，這與康熙平常的作風大不相同，顯然他是表現對道家的不尊崇，對儒家理學信仰的執著的。

第二年，皇帝在宮中讀中國古代歷史，他看到唐憲宗時裴潾批評柳泌之藥不可服用的事，也發表了他個人的意見說：

金石性烈，烹煉益毒，從古餌之被害者衆矣。後人猶蹈覆轍，何也？夫金石不可餌，即養生家服氣之說，亦屬矯揉。朕嘗體中小不平，尋味參同契諸道書，殊無所益。靜覽性理一編，遂覺神志清明，舉體強固，足見方士言皆不可信。

康熙皇帝的這番話，清楚的說明了煉丹之藥或是道家氣功等事都不可信，以他自己小病的經驗，還不如讀一些性理的文章有益處，他把道家方士們一直強調的丹藥與練功說成是一無是處。

事實上，康熙對道家與道教都是印象不好的，這從他對魏唐時代君臣崇信道教的一些批評言論中可以窺知，例如他說：

崔浩精研經術，練習政事，洵魏臣之傑出者，其不信佛尤度越時俗，卓然高蹈。何乃師受道士之術，而崇奉尊禮之，且上其書以蠱惑君心，得罪名教不淺。

又說：

唐高祖惑於妄誕之言，遂以老子爲祖，而爲之立廟。至高宗明皇，復恢張其說，崇信不疑，何所見之皆左耶！

康熙對唐朝皇帝尊崇道教，以老子爲祖，頗不以爲然；對崔浩宣揚道教視爲「蠱惑君心」，他對道家、道教的看法可以想見了。

不過，到了康熙晚年，皇帝似乎對道家的練功看法有了改變，我們在珍藏在深宮中的幾件檔案裡可以看出這一事實。皇帝曾經命令范弘偲與太監李興泰、馮堯仁等人悄悄地去向一位道士去學練功，范弘偲後來向皇帝報告說：

奴才范弘偲同太監李興泰、馮堯仁詣王眞人所，一一欽遵聖諭，不敢顯露，微叩其端，言皆根據先天，貫通三教，毫無勉強作勞苦搬運之煩，純以自然無爲存神順化爲本，似眞得爲己之學者；但工夫口訣，不容輕授，須蒙俞旨，方露言詮。且云：上根利器片刻得效，中資旬日得效，最下亦不踰月，必見端倪。細察其言，平考其行，得正傳無疑。惟得祕之緩急強弱，試後方知耳。

范弘偲的報告顯然是相信這位王眞人的修爲功夫是「得正傳無疑」，只待皇帝決定下一步工作了。

康熙可能對這位道士王楨已經有了一些了解，所以才命令范弘偲與太監前去實地探查一番。現在范弘偲進呈了這樣的報告，康熙覺得還有深入試探的必要，所以他在范弘偲的報告上批了：

知道了。王楨之傳，朕亦留過心。但少疑者，他本人所言。工服到時恐悞政事，已入道之後，又怕不能脫身，故先試一、二人光景如何？

皇帝既然批了「先試一、二人光景」，看看情形，范弘偲便領著太監們去體驗一下練功的實情了。經過一些時間的練習，范弘偲又向皇帝報告練功的心得。他說：

自初十日送駕後，隨即如法危坐，直至饑時乃出靜候。食畢，略步一刻，即仍前坐。初時目前一片空明境界，片晌覺目前有大片黃黑相戰，腹中暖氣騰起，後但見純黃色，而煖氣竟不斷絕，一時辰後，便身心晦冥，似睡非睡，又明朗如初，此似道家入杳冥之說也。大約一時之頃，必杳冥一回，而杳冥之候，尚不滿杯茶之久。出定後詢之王楨，云：是將會合兆也。目下所得景象如此，太監李興泰、馮堯仁坐時，更比以前靜定，亦能耐久。謹此奏聞。

康熙見了這份報告，他僅批了「再看」二字，顯然皇帝的興趣不大，沒有即刻就去做這種「危坐」練功，試嘗「杳冥」的滋味。若是我們將早年他擲還王來熊煉丹專書，或是大肆批評古代君臣崇道的言論的事作一比較，顯然他晚年有了一些轉變。

康熙何以對道士術數之事前後有不同看法呢？我個人認爲可能與他的健康情形有關。他從廢黜皇太子以後，身體情形大不如前，眞是心力交瘁，如他自己所說的「諸病時作」。輕則風寒感冒、心跳不寧、睡眠不穩，重則頭暈、腳腫、走動都「須人扶掖」。他爲了治病養生，一向不喜飲酒並視酒爲有害物品的他也大喝起西洋葡萄酒了，因爲西洋人告訴他那是「大補之物」。他派范弘偲等人去練功，相信也是爲強身養身的。因爲他怕誤了政事，甚至到「入道之後，又怕不能脫身」，他終於決定不練道家的這套「危坐」之法，可見他並沒有失掉理性，眞正改變了他對道士煉丹練功的觀感。

43 康熙皇帝與西洋文化

康熙皇帝是位好學的人，他不但勤讀中國古書，他也忙裡偷閒的研習西洋文化，實在是中國古帝王中不多見的。

西洋有一批傳教士，在明朝末年就來到了中國，其中還有一些擔任過明朝中央的官員。清朝入關以後，洋人官員也投降了清朝，因爲他們是天文氣象方面的專門人才，所以繼續讓他們在欽天監裡留任服務；湯若望就是其中的一位。

康熙即位時正好碰上中西曆法的爭議。事實上，這是一場中西文化之爭，也是一場滿洲守舊派人士與維新人士之爭。康熙三年，欽天監裡守舊的、衛道的一派人不滿洋人在中國當官，趁著順治死後不久，鰲拜等輔政大臣專權時，由楊光先領頭，再度彈劾湯若望。鰲拜等贊同恢復採用舊曆，並把湯若望一些洋官逮捕入獄。後來因北京發生大地震，鰲拜等以爲上天的示警，便釋放了西洋人，但湯若望重病在身，出獄後不久便病逝了。不過他的助理南懷仁（Fordinund Verbiest）等人暗中繼續進行天文觀測與推算，爲對楊光先等報復作準備。康熙七年，皇帝親政後發現楊光先等人推算的結果常常不正確，鰲拜的專權又令皇帝不滿，正好此時有人彈劾楊光先，康熙便舊案重提，讓南懷仁與楊光先兩人當著皇帝的面考驗大家推算結果的孰是孰非。由於楊光先錯誤百出，南懷仁的推算正確無誤，康熙便廢除了傳統使用的《大統曆》與《回曆》，而宣布採用西洋人編製的《時憲曆》，嚴重的處分了楊光先，並命南懷仁重回欽天監任職。

經過這場曆法之爭，康熙皇帝開始接觸到了西洋自然科學，由於他是一位求眞求實的君主，對西洋文化從此發生了興趣，並開始向南懷仁學習西方自然科學知識。不過，皇帝當時年輕，而且相當理智。他雖學習又愛慕西洋科學，但並不信仰西洋宗教，在康熙八年，他還下過這樣一道命令：「其天主教，除南懷仁等照常自行外，恐直隸各省復立教堂入教，仍著嚴行曉諭禁止。」只是這一禁令並沒有嚴格的執行。

康熙皇帝喜愛科學的消息傳到了西歐，法國便由國王資助派來了一個專家團，於康熙二十年代來華，白晉（Joachim Bouvet）、洪若翰（Jean de Fantaney）、劉應（Claude de Viedelou）、羅先德（Rhodes）、安泰（Rousset）等人都是其中的成員。他們一行到中國後，先學會滿文與漢文，然後經甄試再進入內廷爲皇帝服務。據西洋傳教士們記述，當時皇帝向傳教士們學習的學科很多，包括數學、天文、地理、醫學、哲學、拉丁文、音樂，甚至解剖醫學等等。白晉說：「康熙每天都宣我們進宮去給他講課。他聽課很認眞，重複我們所講的內容。……在五、六個月的時間裡，康熙已經掌握了幾何學，能夠即刻說出他所畫的幾何圖形的定理及其證明過程。他對我們說：《幾何原本》他至少讀了二十遍。」白晉又對皇帝的學習精神作了如下的描述：「這位皇帝的學習是異常仔細用心的，無論是幾何中的棘手問題還是我們拙劣的語言，都不能使他洩氣。」「康熙帶著極大的興趣學習西方科學，每天都要花幾個小時同我們在一起，白天和晚上還要用更多的時間自學。……儘管我們謹愼地早早地就來到宮中，但他還是經常在我們到達之前就準備好了，他急於向我們請教一些他已經做過的一些習題，或者是向我們提出一些新的問題。」

除了數學之外，康熙曾向南懷仁等學地理，徐日昇（Thomas Pereira）等學音樂，張誠（Joannes F. Gerbillon）、白晉、羅先德、安泰等學醫學。南懷仁特別爲皇帝編寫《坤輿外紀》等書，讓康熙了解世界各洲各國的情況，這不僅引起了後來皇帝派人遠赴歐洲與俄國去訪問，以增加互相的了解，同時也使他自己熱烈搜尋有關中國各地包括「邊徼遐荒」的地理資料。至於醫學，張誠日記中也說：「我們已經寫出一些資料，……論述消化、營養、血液變化與循環的稿子……皇上仔細翻閱，特別關於心、肺、內臟、血管等等部分。他拿起稿子與一些漢文書籍上的有關記載互相對比，認爲兩者頗爲近似。」尤其在康熙三十二年皇帝患了瘧疾，中醫久治不癒，他服用了傳教士的奎寧丸（金雞納霜），藥到病除，因此他對西醫西藥十分崇信，更深入的向西洋人學人體解剖學，並在宮中特闢場所，讓白晉等人爲他製造西藥，供他自己、皇家人等以及賞賜他親信的臣工之用。

康熙是個務實的人，他很重視學以致用。他學了西洋天文學，便經常到京城的觀象台親自觀測天象，也撥款給南懷仁等製造天文儀器，如天球儀、黃道經緯儀、赤道經緯儀、地平經緯儀等等，又鼓勵南懷仁寫書，記述新儀器的製法、用法、安裝法，後來成書十六卷，名爲《靈台儀象志》，以便後人使用這些儀器。

數學是皇帝學習最有心得的一門學科，他不但命傳教士們把幾何、三角等有關的科目編輯成幾十種滿、漢文的教科書，同時他自己也曾在暢春園裡以所學的傳授給幾位國內的數學家，以加強他們的專業知識。

地理學的學習成果也很輝煌，最後由傳教士與清朝的一些專家，共同完成了中國各地區的測量勘查，繪製成了一部《皇輿全覽圖》，是「當時最好、最精確的地圖」。康熙皇帝本人也利用所學的地理知識，在親征外蒙厄魯特途中，隨時記錄下地貌、地質、水利、農業等有關資料，以作爲行軍作戰的參考之用。另外，他也命人去探測長江與黃河的源頭，並將自己的知識應用在黃河、淮河、永定河等水患治理工程上，對當時的河道官員們提供過協助。

皇帝不但把學到的西洋科學知識應用在很多事物上，同時他也盡量的利用西洋傳教士們的專長，幫助清朝向前發展。例如在三藩動亂期間，他爲了對付吳三桂等的強大反叛力量，讓南懷仁試製新式火砲，結果完成了四百四十多門，並訓練好二百多名砲手，一時大大的增強了清軍的實力，在湖廣、陝西、江西等地戰場上都發揮過很大的功效。後來南懷仁因此得到皇帝賞賜御用的貂裘，並被升官爲工部右侍郎。

康熙又曾利用西洋傳教士的外語能力爲他去辦理外交，例如早期荷蘭使臣入京「朝貢」兼談自由貿易之事，傳教士就當過傳譯人員。康熙三十七年白晉代表清朝政府返回法國覲見法王，請求法國多派科技人員來華，後來法王允准，在當時也是中法外交史上一大盛事。當然最著名的事件是康熙派西洋人徐日昇、張誠等隨清朝代表團去尼布楚與帝俄談判，締結《尼布楚條約》了。

康熙年間，西洋傳教士有爲皇帝授課的，有爲清廷辦事的，他們大都接受了清廷的官職，領取朝廷的俸祿，還有些人是老死於中國的。他們如此賣力的爲清廷工作，事實上是爲了傳教，希望能將天主教義在中國廣大的土地上傳布開來。康熙在教士們完成造砲、順利簽約等服務之後，也確曾放寬了教禁，下令天主堂照舊存留，信徒照舊行走，「不必禁止」。然而在康熙的內心深處卻是排斥西洋宗教的，而且擔心「海外西洋等國，千百年後，中國恐受其累」的，所以到教皇派專使來華，宣布中國教徒不可崇拜偶像，干涉清廷內政、侵犯康熙皇權，禁教的命令立即頒發了，因爲皇帝總是務實的以國家與政權爲先。

康熙與傳教士的交往既是互相利用，各有目的，因此大家對外來文化的接受也都是有選擇性的了。以康熙而言，他以實用爲主，所以對文化器物層面的興趣爲高，沒有更深一層的向制度、行爲、心態文化的核心內層推動，加上中國傳統理學是當時文化的主流，提倡科學是很難的，所以康熙時代傳入中國的西洋文化不能在中國土地上生根，更談不上結出成功的果實來了。

44 康熙遣使歐洲

康熙年間，由於西洋傳教士在宮廷服務，使得皇帝獲得了不少西歐知識，尤其西歐的科學新知，他更是感到興趣。他曾經幾次利用西洋教會的人才，派遣他們作爲清廷的使節前往歐洲，進行敦睦邦誼的工作。不過，當時交通不便，出使的傳教士有的在海上遇難，有的下落不明，有的返歐後未再來中國，因此幾乎都沒有達成交流的任務。康熙三十七年（一六九八），皇帝又派了法國傳教士白晉出使，帶了很多書籍作禮物，專程回到他的祖國法蘭西去覲見法王路易十四，請求法王同意他徵集科學技術方面的專家傳教士來華。法國國王本來就有向外發展的心意，又看到白晉在中國如此的受寵，很是高興，除嘉獎白晉之外，並大力贊助他招募人才。白晉當時在巴黎儼然成了清朝的代表、東方問題的專家，很受各界重視。兩年之後，他帶著十多位學有專長的傳教士回到中國，這批專家當中，如巴多明、雷孝思等人，對日後完成繪製《皇朝全輿圖》有很大的貢獻，也有的在天文、醫學以及譯書方面爲清廷做過不少工作。白晉充當清朝使節赴歐，可以說是獲得很大成功的。

由於天主教的關係，康熙皇帝對義大利也是十分重視的。他一直想派人去做些了解與聯絡的工作。康熙四十六年（一七〇七），山西省平陽縣一位中國籍的天主教徒，名叫樊守義，他奉清廷之命，隨一批西洋傳教士一同前往歐洲。樊守義等一行乘船經好望角，繞道南美洲的巴西，過葡萄牙，直到康熙四十八年春天才到達義大利的熱那亞，此後他在羅馬等地留心學習了十年，於康熙五十八年（一七一九）春由葡萄牙啓程回國，第二年夏天抵達廣州。他回國後曾經得到康熙皇帝的召見，「賜問良久」，他也將在西歐的所見所聞，一一向皇帝報告。據說當時不少人對他的義大利閱歷感到興趣，向他「殷殷垂顧」。

樊守義後來將他的義大利生活見聞，寫成了一本小書，名爲《身見錄》，這部作品可能是中國人所寫的最早一本遊歐記事專書。《身見錄》雖然僅有六千多字，但在中義文化交流史上具有相當重要的意義。樊守義在義大利住了十年，很熟悉當地的事物，雖然他說《身見錄》的文字是他「一一追思」下來的，但是簡單而能得其大要。例如他說熱那亞這座城市的情形是：

王公大族，門樓峻大，金銀珍寶，容人覘玩，在西洋郡稱是國爲冠也。所蓋之精，宮室之美，人才之盛，世家之富，難以盡述。城外則近海有大小洋船百餘，建塔於海口，每夜有以口燈照遠客船。

這是對富庶的、進步的熱那亞商港的一些描寫，可以說相當逼真而動人。

《身見錄》裡也談到義大利的工業大城都靈（都利諾），樊守義在那裡看到「罕見稀奇之物」，「用一大架，水盤上用一巨木爲柱，柱上又小轉輪數個，不用人力，其輪自轉作就絲線，旁著二人可抵五、六百之工」，這是水力紡織機。另外「有巨木欲爲板者，不用人力，乃製之水中，其鋸自能推收其木，又用一繩，自能伸縮相湊，便成爲板矣」，這是水力鋸床。這些「稀奇之物」都是文藝復興運動以後歐洲發展出來的工業技術。

樊守義在他作品中描寫得最多的還是羅馬，他說那裡是「古來總都，城圍百里，教王居焉」，「公侯家，繡緞飾牆，金花鑲凳，寶器無價，擺設床帳，不啻萬億」，「鄰邦貨物，靡不悉具」。羨慕之情，溢於言表。他也談到教皇接見他的情景，也記下不少他曾去遊覽過的名勝古蹟，對教堂的著墨也很多，尤其是梵諦岡大圖書館給這位好學的天主教徒印象更深刻：「有大書庫，庫列大櫥，無論所藏經書之多，即書櫃書箱，總難屈指。開闢迄今，天下萬國史籍，無不全備。

」

此外，《身見錄》中還記述了那不勒斯「有山出火煙」的維蘇威火山。佛羅倫斯的「宮殿、露台、堂殿、學宮、修道院略與羅馬府相同」。總之，樊守義的記遊作品文字雖不多，但內容卻是豐富的。特別是他所描繪的那些「罕見之物」、那些工業產品的新發明，沒有能影響到當時的中國，讓中國工業界有所借鏡，實在可惜。

白晉與樊守義是康熙皇帝派往歐洲使臣中兩位成功的案例，他們不但增進了當時中國與法、義之間的邦誼，也對中西文化交流，作出了不少貢獻。

45 康熙與中國古籍的西傳歐洲

康熙皇帝勤奮好學，他除中國學問有精深的研究之外，對西洋科學也相當愛慕並虛心接受。他認爲西洋的天文曆法，「大端不錯」，因此在「萬幾餘暇，即專志於天文曆法二十餘年，所以略知其大概」。他曾在宮中養心殿特闢專室，由西洋教士南懷仁、張誠、白晉等人爲他講解天文、數學、外文等科。他對西學的興趣很廣泛，舉凡醫學、生物、音樂、美術、農業、地理等等，無不涉獵，而且注重實用。他曾下令製造科學儀器、設局生產西藥、丈量測繪地圖、改良農業品種，將西洋科學知識應用到國家的實際利益上。

由於康熙重視中國的學術研究，又提倡西洋科學，當時在華的歐洲傳教士爲了贏得皇帝的歡心，也爲了能順利的在中國傳教，他們便學習漢文與滿文，研讀中國古籍，了解中國風土民情，因而傳教士們幾乎個個都成了漢學專家了。他們當中有不少人從事著述工作，將一些中西書籍翻譯成書，或是寫作專題報告，有深度的傳布中西文化。中國古經書的內容也就由此西傳到了歐洲。歐洲來華的傳教士翻譯過不少中國古籍，以下是著名的幾位：

劉應（Claude de Viedelou）曾譯《易經》部分。

衛方濟（Francois Nöel）譯《四書》。

白晉（Joachim Bouvet）作《易經大意》。

馮秉正（Joseph de Mailla）譯《通鑑綱目》。

赫蒼璧（Emeric de Chavagnoc）譯《詩經》。

在以上幾位康熙時代翻譯中國古籍的良好基礎上，後來更進一步的得到發展，又有孫璋（Alexander de la Chaome）譯《詩經》、《禮記》；蔣友仁（Michel Benoist）譯《孟子》；宋君榮（Antoine Ganbil）譯《書經》；錢德明（Jean J. Amiot）作《孔子傳》等等，這些中國古籍以拉丁文或法文譯成，隨著傳教士的返國而傳播到了歐洲，一時使歐洲學界對中國傳統文化、禮儀、哲學等有了深一層的了解，比起以往只是陶器瓷器以及絲絹等器物文化交流現象來，確實有了很大的進步、很深遠的影響。

西洋傳教士翻譯中國古籍的工作雖然自明朝末年利瑪竇等人來華時即已開始，但是翻譯內容廣泛涉及到《四書》以外的各經書則是從康熙朝才有的現象。這固然是與傳教士們中國語文能力增強以及對中國學問造詣精深有關，但是有些是康熙朝爲他們營造的有利環境也是值得我們注意的。例如：

一、康熙皇帝自幼研習中國儒家經典，尤其在經筵講學時，編製了很多講章。如《日講易經解義》、《日講書經解義》、《日講禮記解義》、《日講春秋解義》等等。後來又編纂了如《御註孝經》、《孝經集註》、《書經傳說彙纂》、《禮記義疏》、《詩經折中》、《周易折中》等專書，給中國古經書作了新的整理與綜合的研究，很能使學者有所折衷，便於參考利用。西洋傳教士有了這些有利的參考資料，如果再得中國學人的協助指引，當然就容易從事他們的翻譯工作了。

二、另外一個給西洋傳教士更大更多便利的是康熙朝將很多的中國儒家古籍翻譯成了滿洲文本。歐洲傳教士來華後因爲要與皇帝及滿洲權貴們聯絡，他們通常都兼學漢文與滿文，而滿文是拼音文字，對歐洲人來說容易學習，不少傳教士認爲「滿文與歐洲語文有相同風格，有方法與規則，一個人可以很清楚的看得出來」，他們堅信「五、六年的時間足夠任何一個有活力的人獲得好的知識，去閱讀所有滿文書，從而得到益處」。傳教士們學會了滿文，又有滿文本的古經書可以參考，當然對他們的譯書工作事半功倍了。康熙時馮秉正在翻譯《通鑑綱目》就坦白地說過：

「完全靠了滿文的知識，才有信心從事這部著作的翻譯。」後來的錢德明、孫璋等人也都不諱言他們的譯書得力於滿文本很多。事實上，若是我們從中國古籍譯成西文的時間上看，似乎也能得到證明。例如滿文本的《四書》翻譯得較早，傳教士將《四書》譯成西文的時間也較早。滿文本的《易經》到康熙二十二年才開始問世，在此之前，我們也看不到西文的《易經》譯本，就連節譯本或是概要、大意一類的書也無人著作。可是到康熙中期以後，不少西洋傳教士先後對《易經》從事翻譯與著述了。由此可知，中國古經書的西譯以及日後的西傳，多少是與滿文本儒家經典出版有關的。

我們知道：中國與歐洲世界的接觸歷史是很久遠的，不過早期的雙方交往，在深度上與廣度上都不夠，只是絲綢、茶葉、瓷器等的器物貿易，雙方人員的往來以及一些地理知識的交換傳布而已。十三世紀義大利商人馬可波羅（Marco Polo）來華，由於他在中國居留的時間較久，又親身遊歷中國各地，歸國後寫成他的遊記，因而使歐洲人對中國的地理位置、風俗人情以及歷史文化有了大略的了解。明朝末年，有一批飽學的西方傳教士來到中國，他們帶來了先進的科學知識及其產品，讓當時中國部分人認識到了西方文化與文明，並促發了中國人對西洋科技的研究興趣。然而爲時不久，中國發生明清易代的大變局，隨之而來的是政治動亂、社會不安，因而文化交流在中國或西歐的影響不大。到康熙親政以後，社會秩序逐漸恢復，加上帝王雅愛西洋文化，並大力提倡，使得西歐科學在中國傳布開來。另一方面，由於傳教士們翻譯中國古籍，向歐洲介紹中國文化思想，並不時的以書簡報導中國當時的國情以及一些傳統的風土人情知識，也令歐洲人更深一層的認識了古老的中國。康熙時代的中西文化交流是雙向的，是兼有物質與精神多方面的，可以說是中西文化交流史上的一個新起點，而康熙皇帝在其中曾發生過一定的作用，做出過不少的貢獻。

45

46 康熙與台灣開發

鄭克塽降清以後，清廷君臣當中不少人認爲台灣是亂源之地，皇帝就說過：「台灣屬海外地方，無甚關係，因從未開化，肆行騷擾，濱海居民，迄無寧日，故興師進剿。即台灣未順，亦不足爲治道之闕。」又說：「海賊乃癬疥之疾，台灣僅彈丸之地，得之無所加，不得無所損。」由此可見，康熙皇帝對台灣的順逆得失，似乎看得不很重要。只是因爲「濱海居民，迄無寧日，故興師進剿」的。甚至還有大臣如李光地的向皇帝說不必留守，「應棄」。並且建議：「空其地，任夷人居之，而納款通貢，即爲賀（荷）蘭有，亦聽之。」所幸有施琅上〈台灣棄留疏〉，強調台灣是「肥饒之區、險阻之域」，乃「江浙閩粵四省之左護」，守住台灣可以「資皇上東南之保障，永絕邊海之禍患」。尤其指出荷蘭人「無時不在涎貪，亦必乘隙以圖」，如果台灣被荷蘭取得，他們定必「合黨伙竊窺邊場，迫近門庭，此乃種禍後來，沿海諸省，斷難晏然無慮」。後來又有李霨、王熙等大臣奏稱：「台灣孤懸海外，屏蔽閩疆，棄其恐爲外國所據，遷其民慮有姦宄生事。」他們認爲「以守爲便」，「應如琅議」。皇帝乃決定「棄而不守，尤爲不可」，最後留守台灣了。

康熙二十三年（一六八四）四月，清廷劃台灣爲一府三縣，隸福建省。府治設在東安坊（今台南市），以明鄭的舊天興州爲諸羅縣，分舊萬年州爲台灣、鳳山二縣。台灣位於三邑之中，又名中路，東至大山，西至大海，廣四十五里，南以二層行溪與鳳山縣爲界，北以蔦松溪與諸羅縣爲界，南北約三十六里，而澎湖地區在當時歸台灣縣管轄。鳳山縣東北與諸羅縣交界，西北臨大海，北與台灣縣犬牙交錯，南至沙馬磯頭（今恆春貓鼻頭），全縣東西廣三十五里，南北長二百七十五里。諸羅縣東界大山，西抵大海，南界鳳山縣，西南界台灣縣，東西廣五十一里。北至大雞籠，另外包括現今宜蘭、花蓮、台東各地的卑南覓也在縣境內，所以南北縣境九百多里。當然這些是根據舊地方志計算的道里數字，應該不是完全正確的。

在以上三縣中，各縣政府的辦公所在地分別是在現在的台南、高雄與嘉義三處，但是收復之初，因爲南北兩路「蠻煙未開」，縣衙門的主管們不敢到僻遠的治所上班，乃採取臨時的措施，鳳山縣暫時附在府衙門台南市內，諸羅縣署則暫駐佳興里（今台南佳里鎮）辦公。由於北路諸羅縣治區遼闊、多未開發，所以常有動亂事件發生，如吳球在康熙三十五年鬧事，四十年又發生劉卻之役，頗令清廷與福建地方官煩惱。康熙四十五年，諸羅縣令遵長官命令到諸羅山（今嘉義）歸治辦公，其時距設縣之年，已是二十餘載了。

儘管鳳山與諸羅的縣令已歸治辦公了，但是兩縣，尤其是北路，開發事業還是很慢，這其中的原因固然很多，而中央的態度應該是最重要的。現在就抄錄兩份以往不爲人知的滿文奏摺作爲說明。

康熙五十三年十一月十五日，福建巡撫覺羅滿保上奏說：

……又查得，台灣縣地域狹窄，方圓不足五十里，鳳山縣寬約五十里，長近四百里。惟諸羅縣地雖寬五十里、百里不等，然長近千里。其地雖有三十六社番人及從內地去民人設莊耕田甚多，但因地廣，未開墾之地仍然極多，據言土地亦爲肥沃，故奴才交令新調往諸羅縣知縣周鍾瑄盡力招工開墾。至於未開墾之地實有幾何，僅以本地民力能否開墾之處，俟查明後再作籌劃。誠若該地俱行墾出，則於地方有益，對錢糧亦有益處之事。……

滿保的這份報告應該是正確的，他想開發台灣當時的北路，以增加農產、增多錢糧；可是康熙皇帝卻有另外的考慮，他竟給滿保如此一個回答：

在台灣地方廣行開墾，招募很多人，乃爲眼前耳。日後福建地方無窮之患，將由此而生也。爾等宜應共同詳商，不可輕忽！

顯然皇帝是怕開墾的人多了，將來可能成爲後患，他是不鼓勵開發台灣的。滿保看了皇帝在他奏摺上的批語之後，於第二年四月初三日，趕緊又呈上一份奏報，說明他已改變想法了，報告中有一段文字是：

奴才仰見皇上聖旨，比日月猶明，博聞遠慮。台灣若墾地增多，人必多聚，海外之地關係重大。奴才至愚極陋，不能悟知，蒙恩訓導，頓開茅塞。總督范時崇仍駐浙江衢州府，尚未返回，故奴才當即恭抄聖旨送覽。總督范時崇亦親筆作咨，盛讚聖上知識淵博。今奴才等共同詳議，台灣墾田之事，即行停止。惟查明台灣當地人，嚴巡三縣各關口，制止私渡。……奴才向來昏愚無能，現在惟日夜遵照聖訓，竭力施行，爲此謹奏，並叩謝聖主訓示之恩。

台灣北路的開發計畫也就因此停辦了，可見中央是不希望島內有太多人聚集的。正像康熙對開礦、治河等大工程一樣，只要人多了，怕他們「妄行不法」、「恐生事端」，爲了「務求安靜」，一切對地方有益的事都可以停辦，免得動搖了國本。康熙年間台灣沒有積極開發，原因即在於此。

47 康熙重視台灣原住民才藝

早年台灣原住民中，有些人在體育與音樂方面具有特殊的天賦才能，他們的傑出表現在明清時代就聞名了，曾被一些當時的作家寫在他們的專文中。不過，舊時代的文人受到中國傳統夷夏文化偏見的影響很深，他們對台灣原住民的稱呼，就像對所有中國周圍其他族群的稱呼一樣，常以不雅的「蠻」、「番」等名爲稱，這是時代的侷限，也是無可奈何之事。現在我就先抄錄出一些作家對早期台灣原住民中有特殊才藝人的紀錄，看看他們觀察或得自傳聞的若干情形。

何喬遠在他的《閩書》中說：

東番夷，晝夜習走，足皮厚繭，履棘刺如平地，速不後奔馬。

林謙光的《台灣志略》則記：

（山番）復製二鐵卷如小荷葉，名曰薩豉宜，繫於左右手腕，腕上先帶三稜鐵鐲，走送公文時，兩物相擊撞，叮噹遠聞，瞬息間已十數里。

又說：

山番善走爲雄，……十餘歲時，即編藤箍圍腰間，束之使小，利疾走。

郁永河的《稗海紀遊》中也記著：

諸羅、鳳山番，其升高陟巔，越箐度莽之疾，可以追驚猿，逐駭獸。

滿洲官員六十七曾在台灣做官，曾著有《番社采風圖考》一書，其中說：

內山有社，名曰嘟嘓，其番……足趾如雞爪，上樹如猴獮。

又說當時的原住民「從幼學走，以輕捷定勝負，練習既久，及長，一日能馳三百餘里，雖快馬不能及」。

此外還有如《東征集》裡也稱：「生番穿林飛箐，如鳥獸猿猴」，這也是說台灣原住民善於走路的。以上的這些記述雖然有些誇張，但讚美當時原住民特殊「疾走」功夫與才能是一致的，值得我們加以注意。

康熙二十二年，鄭克塽投降了清朝，清廷隨後即在台灣設一府三縣，隸屬於福建省。康熙皇帝是一位具有求知慾的君主，他又關心地方事務，特別是剛剛內附的台灣，他更是加倍的關注。他曾經爲改良台灣西瓜品種，把宮廷裡的優良西瓜種子發放到福建，並命令派人帶到台灣來試種。他也將台灣盛產的南國佳果芒果樹移植到北方，希望能繁殖傳布。對於台灣原住民中的傑出才藝人士，他當然也不會放棄對他們進一步了解的機會，地方官員也知道皇帝有這方面的興趣，因此就有選拔善跑台灣原住民進京的事了。在現存的滿洲文清宮檔冊裡，有這樣一份報告：

福建浙江總督奴才覺羅滿保謹奏：爲奏聞事。竊奴才於本年四月巡察浙江途中，曾派千總李岩去台灣尋覓善跑之馬達番子。七月千總李岩選馬達番子十名攜至。經查問，其皆爲台灣諸羅縣屬北路之熟番子。彼處番子自幼習跑，且以快、耐遠爲尚，試驗之，焦力烈等七番子善跑。據伊等言：台灣皆爲沙地，彼等一日可跑二百里。來內地觀之，多爲石路，未必能跑二百里，等因。據察該番人等膽小怯法，寡言少語。彼等亦願出力，故留此七番子，另外三名番子，彷彿有病，故賞給銀布，派人送回。所留七番子亦各賞銀布米，並交付去者送到其家。再驗看番子所用弓箭標槍，皆以竹子隨意拴製，粗糙無力，驗看其狗，跑雖不快，然咬物有力，故選狗四隻與七番子一併交付千總李岩帶往京城，呈進聖主閱視，爲此奏聞。

以上奏摺是就滿文翻譯成的，康熙皇帝在看了報告之後，也用滿文批了「試試看」。顯然這七位台灣原住民在千總李岩的護送下到達北京了。覺羅滿保上奏的時間是康熙五十六年七月十八日，相信這七位原住民到達北京應該是深秋時分或是同年冬季。他們在北京的活動如何，因資料缺乏，無從進一步查考。不過他們約在京城裡停留了幾個月，並且給皇帝的印象應該不差，因爲到康熙五十八年三月二十八日覺羅滿保又呈上另一份報告說：

去年送舊馬達番子返回台灣時，奴才曾派標下千總李岩前往，今已返回。驗試其挑選攜來之番子，邦雅等四番子跑得快，今打圍。大耳番子中有二番子身上刺花。另外二番子會唱曲，用鼻子吹樂。而舊馬達番子中有沙賴者自願前來，故將此九番子一併交付千總李岩送往，謹呈聖主閱視。

由此可知：第一批送往京城的台灣原住民在康熙五十七年便由京返回福建，並再由李岩將他們送回台灣。李岩在台灣又選拔第二批能吹樂與善跑的人，並有自願再參加赴京的沙賴一同北上京師，供皇帝「閱視」。康熙皇帝很愛好音樂，對能「用鼻子吹樂」的台灣原住民應該是會賞識，甚至會延攬加入宮廷樂隊的。由於史料不載，我們也無法實證了。可惜三年之後，皇帝也謝世病逝了，不然還會有台灣原住民中才藝人士渡海進京的事，也必定爲台海兩岸藝文交流史上增添更多佳話的。

48 康熙皇帝與台灣西瓜

台灣地區天氣溫暖，種植西瓜應該是容易得到收成的。不過，在有關的文獻史料中，在十七世紀以前，似乎還沒有提到台灣生產西瓜的事。直到十七世紀二十年代，即明朝熹宗天啓年間，荷蘭人佔據了台灣，他們在一份實地採訪的報告裡，寫下南台灣果菜中有西瓜一種的記事。清朝康熙年間，台灣內附清廷，第一任台灣知府蔣毓英在康熙二十四年（一六八五）初修《台灣府志》時，就在〈物產〉篇裡談到有西瓜的水果，並且還加註說：「蔓生，漢時張騫西域得之，故名。台灣四時皆有。」可見當時台地盛產西瓜，而且是終年可得的一種水果。

台灣在歸命清朝的變亂之後，「井里蕭條，哀鴻未復」，墾拓發展是最重要的事。在設官治理、相土定賦、興學開科、安撫土民之外，中央與地方對台灣的農業生產也十分關心，甚至連西瓜的培育也注意到了。福建巡撫覺羅滿保在康熙五十二年（一七一三）四月二十六日的滿文奏摺裡首先透露了這方面的消息，他向皇帝報告說：「竊照四月十一日，奴才家人返回，賫捧瓜子一匣傳諭：著帶此至福建試種。」覺羅滿保即照皇帝指示在漳州、泉州等地即時播種，預計六月左右成熟。不過「台灣地方，俟九月、十月芝麻割後，方才種瓜，十二月成熟，故將瓜子留大半，派可靠之人帶往台灣播種，待其成熟，再具奏聞」。到同年七月二十一日，覺羅滿保又向皇帝呈報說：「奴才派人攜瓜籽一半，送往台灣播種，視十二月成熟情形，再具奏聞。」至於在福州、泉州、漳州各地所種的瓜都已有了收成，經他挑選了一些，「謹先行進呈御覽」。皇帝收到他的奏報之後，忍不住地批寫了以下的一些文字：「此物（按指西瓜），朕未曾令爾呈送，只是說在台灣地方試種，將此作爲一事賫送，殊屬不合，在福建種之何用！」可見康熙皇帝早先所賜瓜種，原想是要在台灣試種的，覺羅滿保會錯了意，乃引起皇帝的不滿。

第二年正月初九，當台灣試種的西瓜運到福州之後，覺羅滿保隨即派專人將這批西瓜進呈京師，並附上奏報一紙，其中有「八月播種，十二月成熟，萌芽生長皆好。惟莊稼收割後，十一月雨水偏少，又水土尚未調和，故未能長大」等語，可見此次試種，不很成功。不過覺羅滿保在報告最後還說：「恭請聖主施恩，復賜大內所存西瓜籽，以便本年於台灣播種。」

同年十二月二十四日覺羅滿保又向皇帝報告台灣西瓜的事了，他說：「今年六月，奴才派人賚御賜西瓜籽到台灣種植，今攜西瓜至。問之，言八月下種，雨水略少，十月正值生長之際，葉又生蟲，故西瓜表皮稍有疤痕，而瓜瓤仍好。……今特派人賚捧御覽，叩請聖主施恩，復賜大內西瓜籽，六月帶往台灣謹種。」皇帝批道：「已送去了。」由此可知：這一年的試種比前一年的爲好，皇帝也繼續將宮中的優良西瓜籽「送去了」福建。

康熙五十四年西瓜在台灣也如期試種，但因爲當年台灣有風災而成果極差，覺羅滿保說：「九月十五日遇大風，藤斷花落，損傷大半。」結果「大者只得四十餘，繼之生長者皆小，已不能再長大」，他「不勝懼畏」的將台灣送來的西瓜選了些好的恭進御覽，在送瓜進京的同時，即康熙五十五年正月初九日，他又在報告中「叩請聖主再次恩賞內廷西瓜籽」，運到台灣種植。皇帝因爲他在報告裡寫了「此皆奴才之罪，愈思愈加戰慄」的話，因而安慰他說：「西瓜事小，有何關係！」並又賜下大內瓜種。

從此以後，直到康熙皇帝逝世的六十一年（一七二二），每年皇帝都頒賜內廷瓜種給福建官員，命令他們運到台灣播種，不過台灣地區因常有風災水患，西瓜的收成似乎一直不很理想，如五十八年正月，覺羅滿保時已升任閩浙總督，他說台灣「因雨水少，西瓜大較往年爲差」。六十一年五月又說去年大風「瓜藤被風括去，找出瓜根，雖加土灌水培養，仍不開花」，後來雖有收成，卻是大小不等的產品。不過覺羅滿保照舊「叩請聖主再賞大內西瓜籽，於今年適時好生播種」，皇帝也回答他「將要賞去」。這是離康熙皇帝辭世前五個多月的事。

康熙皇帝不因台灣試種西瓜不甚理想而停賜瓜種，相反地，他十年如一日的與福建官員爲培育台灣西瓜而操心，如此的有熱心與耐心，實在難能可貴。

在往昔以農立國的時代，中國歷代君主都是重視農業的，因爲農事豐歉關係著民生經濟；而康熙皇帝又是一位極富研究精神的人，他對農產品的培育與推廣更有著很大的興趣。他曾經花費三、四十年的時間在京中豐澤園裡培育水稻，結果成功地長成一種「米色微紅而粒長、氣香而味腴」的「御稻米」。這種優良品種從此「生生不已，歲取千百」，雖然多年來御稻米僅供內廷膳食之用，但是皇帝是有「願與天下黎民共此嘉穀」心意的，所以到他試種成功之後，便頒賜稻種給江寧、蘇州、揚州以及江西、浙江、安徽等部分地區的官員，進行試種，甚至塞外也有地方得到推廣種植的。

康熙皇帝關心與推廣農業的興趣，顯然是至老而不稍減的。他在所寫的一篇〈刈麥記〉裡曾說：「朕念切民依，痌瘝一體。年近七旬，精力漸衰，扶杖而閱耕種，臨畦而觀刈穫，遇雨暘時若，則收割之際，蒼顏野老，共慶有秋。黃口稚子，無愁乏食。此朕一時之眞樂也。」

康熙皇帝關心民生，對農業產品的培育與推廣又有興趣，更有與民共享成功果實的胸襟與心願，這可能就是他不斷賞賜優良瓜種到台灣試種的原因吧。

49

康熙皇帝與台灣芒果

台灣氣候溫熱、物產富饒，尤其適於農作，稻米瓜果，易於生長，且種類繁多；不過，芒果這項水果，似乎不是當地原有的產物。古籍裡有關台灣一地蔬果生長的記事，早期的極爲簡略，如三國時代沈瑩在《臨海水土志》中只說：「土地饒沃，既生五穀，又多魚肉。」《隋書》上也記載：「土宜稻、粱、床黍、麻、豆、赤豆、胡豆、黑豆等。」沒有提到任何水果。即使到了十七世紀初年，明朝陳第在他的《東番記》裡，談到當時台地的蔬果也僅有大小豆、薏仁以及葱、薑、椰子、毛柿、佛手柑、甘蔗等等，未見有芒果的名目。況且以上各書，至今仍有人懷疑其眞實性。甚至到明末天啓年間，荷蘭人竊據台灣以後，他們在嘉南平原現今佳里一帶地方，也只見到「地雖甚肥沃，但不種苗，亦不播種，又不耕作」，地上多產檳榔子、香蕉、檸檬、橘子、匏瓜、西瓜、甘蔗等。至於首次提到台灣有芒果的文獻，可能是蔣毓英所纂修的《台灣府志》了。蔣毓英是台灣內附清廷後的第一任台灣知府，他在康熙二十四年（一六八五）開始率員修纂《台灣府志》，書中卷四爲「物產」篇，其中〈果之屬〉條下有名叫「檨」的水果，並加註說：「乃紅夷從其國移來之種，株極高大，實如豬腎，三、四月間，味酸如梅，採而鹽之，可作菜品，病者亦宜。至五、六月間盛熟，皮有青有黃，肉有黃有白者，有微根在核，將食須用小刀剖之，味甘或帶微酸，計有香檨、木檨、肉檨三種。木檨味勝肉檨，香檨其尤者也；即外國志所載南方有果，其味甘，其色黃，其根在核者，是也。」荷蘭人據台灣南部達三十八年之久，即從明熹宗天啓四年至清聖祖康熙元年（一六二四至一六六二），顯然芒果是在荷據台灣期間引進種子或樹苗而在台灣繁殖成功的。

清朝入主台灣以後，不但給這一國外珍果記錄文獻，同時也在康熙皇帝的支持下移植到了中國的北方，在康熙五十八年（一七一九）三月二十八日的一件滿文寫的奏摺裡，閩浙總督覺羅滿保向皇帝報告說：「……再台灣所產蕃酸樹、蕃茉莉、竹子、亞焦等物，恭繕漢文進單交付千總李岩，與貢品一併奏進聖主閱視。蕃酸果子至夏至方熟，俟成熟後再賚進御覽。」奏報中的「蕃酸樹」與「蕃酸果子」滿文音譯爲「fan suwan」是從當地人的發音譯成的，也就是文獻裡的「檨」或今日通稱爲芒果的水果。康熙皇帝收到覺羅滿保的這份奏報後，隨即以硃筆批寫道：「

知道了。此類東西皆無用，且前所得者，朕已藝植，繁殖甚多，京城各處均已種植，不必再進。若係朕欲覽之物，再寄信去。」可見覺羅滿保先前已將芒果樹進呈到了北京，皇帝也將這些樹苗遍植京城了。

大約一個月以後，即康熙五十八年四月二十九日，覺羅滿保又恭呈了一份滿洲文寫的報告，內容與同日福建巡撫呂猶龍所寫的漢文奏摺幾乎一樣，呂文中稱：「福建有番檨一種，產在台灣，每於四月中旬成熟。奴才於四月二十八日購到新鮮者，味甘微覺帶酸，其蜜浸與鹽浸者，俱不及本來滋味。切條晒乾者，微存原味，奴才親加檢看，裝貯小瓶，敬呈御覽。……」康熙皇帝在呂猶龍的報告後批寫了如下的一段話：「知道了。番檨從來未見，故要看看，今已覽過，乃無用之物，再不必進。」

康熙皇帝在批語裡一再強調芒果是「無用之物」，我想可能與不能食用有關，因爲芒果由台灣先運到福建，再由專差進呈北京，以清初驛站傳遞情形看，費時至少一個多月，芒果能否保持新鮮不損壞破爛，實在大有問題，既不能食用，當然是「無用之物」了。另外也有可能皇帝將有遠行或是他根本不喜歡芒果，進呈這些「無用之物」，徒然「有勞旱路民力」，這更是皇帝不願的事了。就像康熙五十三年正月，福建官員進呈荔枝進京一樣，康熙皇帝清楚地批寫了：「今暑前即去熱河，所進荔枝並無用處，況朕極不好荔枝，故著停送。」

我們知道：康熙皇帝一向是提倡農事，關心民生的，他曾經說過：「自幼喜歡稼穡，所得各方五穀菜蔬之種，必種之，以觀其收穫。」而且有「誠欲廣布於民生或有裨益」的心願。他想看看從未見過的南方鮮果番樣，並將樣樹繁殖京中，相信不是爲滿足一時的口福，而是與他農本思想有關的。

50

康熙之死

康熙皇帝在廢皇太子胤礽時就說過他「未卜今日被鴆，明日遇害」，似乎他的生命是在危急環境中，隨時會被人殺害或毒死的。康熙五十六年，皇帝又談到梁武帝台城之禍與隋文帝見害於逆子煬帝之事，甚至感慨地說《尚書・洪範》篇中所謂的「五福」以「考終命列於第五者，誠以其難得故也」，他像似暗示他未必能善終。因此在他死後，有人傳說：「聖祖皇帝在暢春園病重，皇上（按指雍正）就進了一碗人參湯，不知何故，聖祖皇帝就崩了駕，皇上就登了位。」這一傳說就是意謂雍正皇帝以人參湯害死他父親康熙的。由於康熙晚年一再提到可能被人毒害，這一傳聞在當時以及日後很爲人所重視，甚至不少人信以爲眞。

康熙究竟是怎麼死亡的呢？據清朝官書裡說：在康熙六十一年（一七二二）十月二十一日，

皇帝去了皇家狩獵場南苑打獵。十一月初七日因身體不適，回到他在北京城郊的暢春園宮中休養。同月十五日冬至要舉行南郊祭天大典，他覺得自己不能親自主持，乃命令皇四子胤禛也就是後來的雍正皇帝代表他去祭祀。胤禛遵命前往齋所準備祭典，每天也派侍衛或太監到暢春園問安，皇帝都告訴他「朕體稍愈」，大家以爲皇帝生病不嚴重。沒有想到十三日凌晨，皇帝病情突然轉劇，立即命令胤禛從齋所趕來暢春園，其他皇子多人都比胤禛先到了皇帝病榻旁邊，康熙告訴他們大家：「皇四子胤禛人品貴重，深肖朕躬，必能克承大統，著繼朕登基。」胤禛到當天上午十點左右才趕到暢春園，曾三次進入寢宮問安。當晚八點左右皇帝終因病重不治，逝世於暢春園。

康熙末年，因爲廢儲後未立皇太子，皇子們大家結黨鬥爭。康熙死後，這場繼承鬥爭更是加劇。皇八子胤禩等後來被處分下獄，其門下太監、侍衛被充軍的人很多，這些人在充軍途中，到處向百姓說雍正以人參湯毒死皇帝的事，因而康熙被毒死的傳聞就在民間傳布開來了。

康熙是不是如傳說一樣的被一碗人參湯毒死的呢？這件事的可能性不大，因爲按照清宮定制，皇帝在進膳、進藥之前，都需要由親近太監或侍衛先試食、試飲，以免食物有毒。康熙早就擔心有人會毒害他，他的防範必然更嚴的。再說康熙一直反對人以人參進補，尤其他認爲「北人與參不合」，所以他不會喝人參湯的。傳說只是胤禩等門下人散發的謠言而已。

如果我們再看看康熙晚年的身體，他的健康情況確是不太好的。根據可靠史料的記載，他自康熙四十七年初廢皇太子之後，就大病了一場，不少大臣從邸鈔中知道這項消息，都紛紛上奏向皇帝請安，祝福他早日康復。皇帝在大臣們的奏摺上也常常批些字反映他當時健康情形的文字。例如川陝總督齊世武在該年十一月十七日上了恭請萬安摺，皇帝批道：「自爾去後，朕體漸弱，心跳加增甚重。……目下想是無妨，只是虛弱。」十二月十日直隸巡撫趙弘燮也上疏請安，御批是：「朕體雖然比前安好，氣血不能全復，甚弱。」第二年正月，皇帝儘管對閩浙總督梁鼐批說：「朕大安了，還瘦弱些。」但是他已下令要內務府官員向全國首長徵集西洋葡萄酒來京，因爲這是「大補之物」，皇帝竟「每日進葡萄酒幾次」，而且「甚覺有益」了。

皇帝的病體顯然不是葡萄酒能醫好的，到康熙五十年底，天壇大祭時，他幾乎不能親自去主持了，後來他勉強「親詣行禮」，但無奈地說出：「朕今年已六十，行禮時兩旁少爲扶助亦可。」體力不支，由此可見。

康熙五十四年冬天，皇帝自己說他「此番出巡，朕以右手病，不能寫字，用左手執筆批旨」。第二年正月，手臂毛病更嚴重了起來，他曾向趙弘燮說：「朕偶然風吹，所以左手連臂，少有違和，故用湯泉洗浴，身不入水，近來深得效驗。」

康熙五十六年皇帝在夏初去熱河避暑山莊，五月底大學士嵩祝寫了一份奏摺向皇帝請安，康熙批語則充分說明了他的心態。他說：「在宮中時身體不甚好，原以爲勉強來口外水好之處，大概可以健康矣。至今朕體未見甚好，行走需人攙扶。甚虛弱，何言萬安，一安亦無。」同年十月間他向大臣坦陳：「朕近月精神漸不如前，凡事易忘。向有怔忡之疾，每一舉發，愈覺暈迷。」同年十二月，皇太后病逝，他心情更壞，也影響到了病情。他在宮裡向皇太后遺體行禮時，都是「乘軟輿，腳背浮腫，不能轉移，用手帕纏裹，才能轉動」的。

康熙五十七年正月，皇帝曾兩次在大臣的奏摺上批寫了與他身體有關的文字。一是說：「不幸身罹大憂，肢體不能動履，已寢臥五旬矣。」另一則是：「朕體自去年春夏之交不安，留心調養漸愈，面色漸豐。……自熱河來京，心中沉悶，身體有疾，又值皇太后大事，總無暇調治，以致身體甚是不安者七十餘日。……今已年高，病雖漸愈，手尚作顫，不能即時復舊。」可見皇帝在過去一年之中，一直是在與病魔纏鬥，健康情形不是很好的。同年二月，他的病況似乎更壞了，二月中旬他說：「若謂朕安，則羸弱已極，僅存皮骨，未覺全復，足痛雖較前稍愈，步履猶艱。」同月底的一份大臣報告上他又寫道：「朕體稍早起，手顫頭搖，觀瞻不雅。或遇心跳之時，容顏頓改，驟見之人，必致妄生猜疑。」康熙皇帝一直是講求體面的，現在病得「手顫頭搖」、「容顏頓改」，必然會令他傷感到極點的。其後我們看到的文獻紀錄不多，但仍有「走路還需人扶掖」或是「氣血漸衰，精神漸減，辦事總覺疲憊，寫字手亦漸顫，仍欲爲當年事事精詳，則力有不能」，可見康熙的身體的確大不如前了。而從他的病情與文字描寫出的狀況看，似乎與心腦血管的疾病有關，甚至有著小中風的現象。

康熙六十年四月官書中又記載他身體「違和」，五月在避暑山莊著了涼，病情加重，「以致面色稍減，或稍行動，或多言語，便不勝倦乏」，他的體力實在很差了，呈現了體弱多病的情況。

康熙六十一年雖去熱河木蘭行圍，但他已不能騎馬而是乘坐四人抬的肩輿。後來回京不久又去南苑狩獵，其時氣候已轉冷，所以有「偶患風寒」的事發生。外國傳教士說他「寒顫」、「發高燒」，顯然是重感冒引起了併發症，在當年醫學不夠進步的中國宮廷，皇帝終於病逝了。

康熙這位聞名中外、允文允武的傑出君主，死於康熙六十一年十一月十三日，享年六十九歲。他年輕時身體算是強壯，「能挽十五力弓，發十三握箭」，「天稟甚壯，從未知有疾病」。不過到他五十五歲廢皇太子以後，身心交瘁，健康大受影響，尤其到他死前的四、五年間，情況日壞一日，手抖、腳腫、搖頭、臉麻、頭暈、心跳，諸病纏身，終致死亡。人參湯毒害之說應該是一項傳聞而已。

我評康熙

古今中外的偉大人物，都有其超人傑出之處，也各有他們的成就與貢獻；康熙皇帝當然也不例外。年號康熙的玄燁，在他即位之初，實在乏善可陳，而且他的憑藉也不多。可是他卻以智慧與膽識，在日後的人生旅途中，克服了很多困難，完成了很多任務，使他在文治與武功方面有極好的表現，他個人的學養與行事上也有令人稱道的地方，他也就因爲這些而建立了特殊的歷史地位。

他幼年登基，卻以智取勝，從權臣手中收回了政權。他決心裁撤三藩，消除國內軍閥割據局面，從而成就了守成兼創業的艱巨工作。他果敢的重用施琅，解決了台灣問題，統一了當時的中國。他悉心籌劃，終於在雅克薩戰役中打敗了俄軍，並在事後以大軍作後盾與俄國談判，簽訂了尼布楚條約，阻止了俄人的進一步東侵。他以崇儒重道爲國策，成功地統治了中國。他推行無歧視的用人政策，緩和了清初的民族衝突。他獎勵農桑，蠲免租稅，恢復了社會元氣，使廣大民眾獲得了豐足的生活。他提倡學術，編纂群書，作出不少恢復與弘揚中華文化的工作。他個人勤奮好學，在詩文書法上造詣很深。他謙虛節約，是國家元首中少見的範例。他的成就、貢獻與特長實在很多，也在在表現了他的才華出眾，天賦異常，實在令人欽服。然而康熙皇帝畢竟不是聖人或是神，他一生行事中値得商榷與評論的地方還是有的，現在舉出專家學者們曾經指出過的，或是我個人的看法，有關康熙做人處事以及他的事功地位問題，略加分析論述如後：

康熙一直倡行並標榜理學，自己也想做一個理想的儒家君主；可是他的若干行爲卻還遠不合傳統中國儒家的精神。例如他並不太注重尊師重道這一儒家古訓。康熙爲了給他的兒子們接受良好教育，曾經物色了很多名學者擔任皇子們的老師，可是皇帝自己又不完全信任這些學者，沒有把教子之責完全付託給老師們。皇帝不但自己爲皇子教育制定具體計畫，包括教學的內容與規章，並且還隨時干預到教學的進行，甚至對老師們做出不禮貌的事。例如康熙在皇太子去書房上課之前，他先親自教授太子，有時皇太子便以從他父親口中所得的知識去反問老師，如「古井田之制八家爲井，人各百畝。若不及百畝，七十畝、八十畝，或偏隅之地，作何均分？」老師們常常「不能講」，或是「未能對」，使得老師們受窘難受。更不當的是皇帝本人有時來到書房，當著皇子們的面前，問些「欽四鄰如何」？或是「火之性能迎而不能隨故滅，水之體能隨而不能迎故熱如何」的問題，讓名師們「未能對」而顏面無光，這種身教方式實在有可議之處。另外，像湯斌、耿介這些大儒，被選為皇太子的老師時，都已年過六十，身體又不太好，所以在每天長達十幾小時的陪皇子讀書過程中，經常有「幾至顛仆」與「斜立昏盹」的情況，老人們實在是因體力不支才如此的，因為他們在教學時不是下跪就是「侍立書房東側」，皇太子竟不讓老師們坐下，眞是事師的禮遇不周。康熙後來知道了此事，並沒有責備他的兒子，要他們尊師敬師，反而有抱怨湯斌、耿介之意，且不說儒家五倫未被重視，即孔孟強調的人與人間應流露眞誠合禮的同情心即「仁」心，也未能被康熙父子發揚，實在值得檢討。尤其令人覺得不可思議的，康熙有一次去瀛台教皇子射箭，隨行的皇子老師徐元夢因「不能挽強」，被皇帝「蜚語詰責」。徐元夢向皇帝解釋時，玄燁震怒，在皇子們面前，將這位老師「朴責，被重傷，命籍其家，父母皆發黑龍江安置」。老師的尊嚴蕩然無存，康熙的失當行為當然也在他兒子們心中造成不良的影響。

康熙的儉樸是出名的，他自己平日的生活很簡單，費用也不大。而宮中花費，他也自豪地說過：清朝入關後三十六年宮中所費總金額不如明末一年宮中的消費。這一說法或許稍有誇張；不過康熙時代的皇家支出確實是很節省的。但是康熙皇帝一生喜歡到各地巡幸，經常狩獵，尤其到康熙四十年代以後，避暑山莊建成之日，每年都到熱河居住行獵好幾個月，不但隨行的人很多，還動員各地八旗武員參加，中央與地方都得籌措大量經費，這也不能不說是國家資源的一種浪費。儒家理想君主是不可以「耽於遊獵」的，康熙似乎違反了傳統中國的古訓。

康熙在《庭訓格言》中常提到「多讀書則嗜欲淡」，或是「平日不自放縱」，教育他的兒子們要清心寡欲。可是他一生先後娶了后妃五十多人，而且到了晚年他還不斷的從江南挑選年輕女子到宮中來作妾。這些事實卻剛好給他兒子一個活生生的示範，就在康熙還在世時，曹寅的報告中已經透露出皇子效法皇父的行徑，有不少人也從蘇州等地買來女子，充實後宮，供這些貴胄子弟玩樂了。康熙言行不一由此又得到一項例證。

康熙不但不能清心寡情欲，他對物欲顯然也是清除不了的。從他最後幾次南巡的情形看，他對戲曲與古玩的愛好，似乎已經到了專情的境地了。從江南物色優伶、購買絲竹器材、自己研創樂曲、宮中備有戲班等等，足以說明他的投入與陷入都很深了，加上古玩的愛好，不但提倡「玩物喪志」的風氣，也使官場掀起貪瀆與奔競之風。康熙本人對這些多少要負些責任的。

康熙在他的子孫與日後御用史家的塑造下，給人的印象他是一位仁厚的君主，不具專制淫威的皇帝。可是在儲君廢立的事件中，他的表現卻並非如此。他幾乎給他成年的兒子都革過爵，或關過牢，父子家人的溫情根本不存在了。特別對那些奏請復立胤礽的大臣，像朱天保、陶彝等人，不是處死，就是充軍，君主權威可謂發揮到了極致。不說全無仁厚之心，就連理性也都喪失了，他幾乎成了獨夫型的皇帝。

康熙惟我獨尊、萬事專斷的事實在史料裡還可以發現很多，例如盡撤三藩、征伐台灣、平定準部、擊敗帝俄以及討準援藏等的軍事行動，都是皇帝乾綱獨攬下制定的政策，也都是對國家安全與統一有貢獻的。但是也有一些獨斷獨行的重大國事決定，則未必都是成功的，甚至還可能貽害日後的。像是台灣內附後開放的海禁政策，到康熙五十五年，皇帝突然宣布商賈「南洋不許行走」，他的此一決策卻使中國在南洋喪失了若干當時政治與經濟上的優勢。他在晚年禁止天主教傳布，則切斷了中國與世界先進文化的聯繫。礦產的禁採也是皇帝對國家大政的一項改變，結果使國家財政收入減少，也使手工業材料發生缺乏，對社會經濟影響很大。黃河治理曾是康熙「日夜廑念」的大問題，他曾大力支持靳輔等人治河，可是後來卻又罷了靳輔的官，延誤了這項「濟運通漕」的工作，也影響到了國家財政與秩序的安定。類似的事例還有很多，在在說明康熙由一己意志所定的政策有時是有問題的。

當然康熙是三百多年前的帝制中國君主，時代的侷限性我們也應該考慮到才是，評定歷史人物確實應該審察他們的時代背景，就以康熙來說，他自幼即發覺皇權被侵奪，所以他一生重視皇權的伸張。他的政權是「異族入主」，當然他要預防各族人的反側，包括西洋來的異國人。他知道地方經濟與人民福祉很重要，應該關心；但是國家的根本利益仍然必須高過地方利益，一切國家重大政策的制定，仍以長治久安、政權穩固爲先。如果我們了解這些，也許對康熙的國惟一主、乾綱獨攬等思想作風，就有新的認識了，也許就不必太苛求這位名君了。他畢竟還是中國歷史上難得的皇帝，在文治與武功方面都是建樹可觀的。